LA HISTORIA DEL VIEJO OESTE

Víctor Navas

Título: LA HISTORIA DEL VIEJO OESTE

Índice

Siglo XIX

El Oeste, aquel territorio inhóspito, hostil e inhabitado, a pesar de la de milenios que los nativos americanos llevaban viviendo allí.

Expediciones

El 1 de junio de 1776, la colonia británica de Virginia proclamó su independencia y promulgó la Declaración de Derechos de Virginia y su Constitución. Este hecho precipitó que, el 4 de julio de 1776, se proclamara la Declaración de Independencia de las Trece Colonias para afirmar los derechos soberanos de los colonos estadounidenses. El documento proclamó que las Trece Colonias británicas de Norteamérica se habían autodefinido como trece Estados soberanos nuevos, dando paso al nacimiento de los Estados Unidos de América.

En aquella época, el este y el oeste de Norteamérica se encontraban separados por inmensas tierras desconocidas.

En 1803, el presidente Thomas Jefferson realizó una transacción comercial que cambiaría el curso de la historia. El vendedor, Napoleón Bonaparte, le entregó 2.144.476 km² de tierras francesas a cambio de unos quince millones de dólares. Esta transacción fue conocida con el nombre de «La compra de Luisiana». El negocio se extendió desde el río Misisipi hacia el oeste, hasta las Montañas Rocosas.

Thomas Jefferson (1743-1826)

Tercer presidente de los Estados Unidos de América, del 4 de marzo de 1801 al 4 de marzo de 1809.

En la década de 1800, ya se habían realizado diversas expediciones para explorar el desconocido oeste. Pero el presidente Jefferson quiso intentarlo una vez más e hizo que se llevara a cabo la más famosa de todas las expediciones realizadas. Esta expedición tenía que recoger toda la información posible sobre plantas, animales, tribus autóctonas y datos geográficos. El Congreso asignó dos mil quinientos dólares para la exploración de aquel territorio ignoto. La expedición duró aproximadamente tres años y estuvo encabezada por el intelectual y malhumorado Capitán Meriwether Lewis y el poco alfabetizado Teniente William Clark.

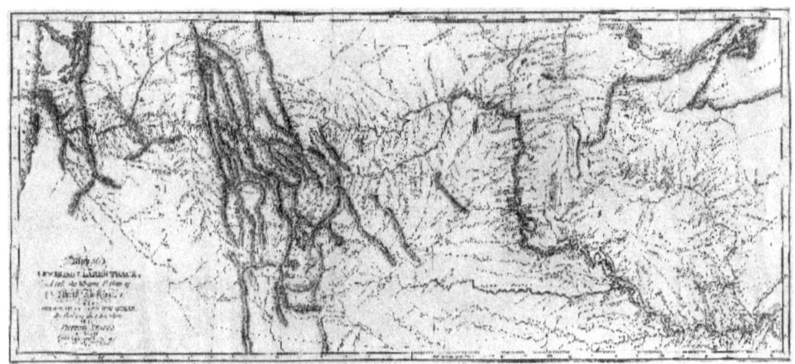

Mapa de la expedición

Lewis y Clark anotaron todo lo que ocurrió durante la expedición en su diario de viaje.

En la primavera de 1803, Lewis comenzó la preparación del viaje. Se formó en botánica, zoología y medicina con los principales científicos de la época. Una vez preparados los suministros necesarios, empezaron la expedición.

Meriwether Lewis (1774 – 1809) y William Clark (1770 – 1838)

En julio, cuando llegaron las noticias de la compra de Luisiana, la exploración cobró más sentido ya que las tierras a explorar eran ahora estadounidenses.

El 31 de agosto de 1803, Lewis comenzó su primera anotación con el siguiente texto: «Salimos de Pittsburgh, a las once de la mañana, con un grupo de once personas, siete de los cuales son soldados, un piloto y tres hombres jóvenes a prueba que se han ofrecido a acompañarme durante todo el viaje»

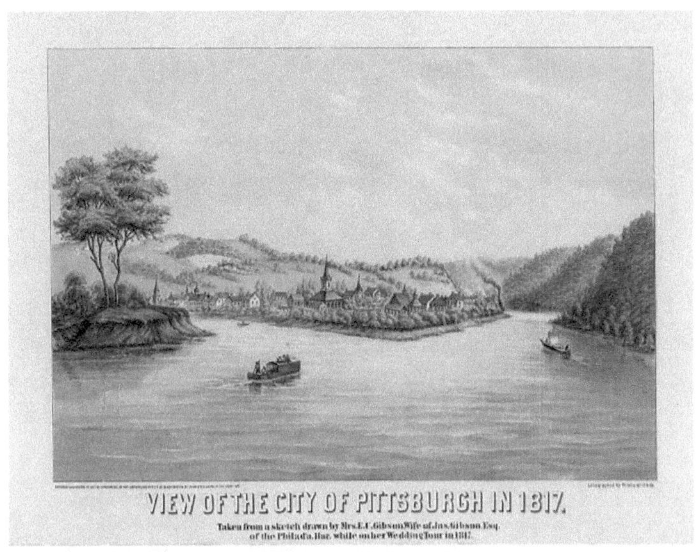

Pittsburgh 1817

Pittsburgh, en el condado de Allegheny, Pennsylvania, se encontraba en un punto donde los ríos Allegheny y Monongahela se unían y formaban el río Ohio, afluente del río Misisipi.

En 1800, Pittsburgh contaba con aproximadamente dos mil cuatrocientos habitantes, esta cifra se duplicó durante los siguientes diez años.

Durante el otoño y el invierno, la expedición, llamada «El Cuerpo de Descubrimiento», se estableció en Camp Dubois, situado en la orilla este del Misisipi.

El 14 de mayo de 1804, la expedición estaba formada por treinta y tres personas, la mayoría de ellos soldados que partieron desde Camp Dubois hasta llegar a Saint Charles, Misuri. Como miembro de la expedición también se encontraba el esclavo afroamericano York, propiedad de la familia Clark.

En la ciudad de Saint Charles, Misuri, fue donde el Capitán Lewis se unió a la expedición. A bordo de una embarcación subieron por el río Misuri hasta que llegaron a territorio dakota.

El primer contacto oficial entre la expedición y los amerindios tuvo lugar el 3 de agosto de 1804. Durante aquel encuentro, la expedición enseñó a las tribus autóctonas su tecnología como telescopios o brújulas.

El 20 de agosto de 1804, el sargento Charles Floyd murió debido a una apendicitis. Esa fue la primera y única muerte del grupo durante toda la expedición.

Charles Floyd se convirtió en el primer soldado que murió al oeste del Misisipi.

El grupo siguió hasta que se encontró a la primera tribu sioux, los Yankton Sioux.

Los sioux, conocidos también como dakotas, nakotas o lakotas, era una tribu de nómadas nativos americanos que habitaban las llanuras de Estados Unidos.

Los exploradores solían ofrecer regalos a las tribus con las que se encontraban con el fin de que les permitieran seguir su camino y no les causaran problemas. Para sobrevivir, la expedición necesitó la ayuda de muchos de los pueblos nativos. Una indígena muy importante para la expedición fue una niña de dieciséis años llamada Sacajawea. Ella pertenecía a la tribu shoshone y acompañó, guio y ayudó a la expedición durante parte de su trayecto.

El 4 de noviembre de 1804, la expedición contrató al marido de Sacajawea. Se trataba de Toussaint Charbonneau, un comerciante de pieles francocanadiense que vivía entre la tribu de los hidatsas.

Lewis, Clark y Sacajawea

Toussaint se unió a la expedición sirviendo de traductor de las tribus indias.

En 1805, la expedición convivió con la tribu mandan y esta les proporcionó suministros para que pudieran pasar el primer invierno en el Fort Mandan, en la actual Dakota del Norte.

Durante el invierno de 1805, la expedición construyó, durante tres semanas, el Fort Clatsop. Allí pasaron su segundo invierno.

Continuaron su trayecto hasta que se toparon con un pueblo de la tribu shoshone. Sacajawea resultó ser la hermana del jefe de aquella tribu. Un hombre de aquella tribu, Old Toby, se unió a la expedición e hizo de guía.

El 11 de septiembre de 1805, las montañas estaban repletas de nieve y la expedición se quedó sin provisiones. Para poder sobrevivir, tuvieron que matar a uno de los caballos para poder alimentarse. La expedición se encontraba en la cordillera Bitterroots de las Montañas Rocosas y estaba al borde de la inanición.

A finales de septiembre, se toparon con la tribu nez percé, la tribu alimentó a la expedición y les enseñó a construir canoas. La tribu utilizaba el fuego para hacer el hueco en el pino y poder convertirlo en una canoa.

Continuaron por el rio y, el 18 de octubre de 1805, Clark observó a lo lejos el monte Hood. Aquel monte fue avistado por primera vez en el año 1792 por exploradores europeos.

El 24 de noviembre de 1805, los capitanes decidieron someter a votación donde pasarían aquel invierno. El esclavo York o Sacajawea fueron miembros del grupo a los que también se les concedió el derecho a voto.

Decidieron construir Fort Clatsop, estaba situado cerca de la desembocadura del río Columbia y fue el último campamento antes del regreso a San Luis.

La expedición halló un camino que les llevó a una zona donde abundaban los castores. Durante su viaje habían descubierto que podían intercambiar armas con las tribus nativas a cambio de la tan valiosa piel de castor.

En Europa, el castor se cazó tanto que casi lleva a su extinción, pero en aquella época, en las Montañas Rocosas había millones de ejemplares.

En junio de 1806, regresaron con la tribu de los nez percé quienes nuevamente les ayudaron ofreciéndoles alimento.

Al cruzar de regreso por la cordillera Bitterrots, la expedición se dividió para explorar más el territorio de Luisiana.

El 26 de julio de 1806, el grupo de Lewis observó ocho guerreros de la tribu pies negros. Acamparon para pasar la noche y al amanecer observó a miembros de la tribu intentando robarles los caballos. Se produjo una pelea y durante la misma murieron dos miembros de la tribu pies negros. Este fue el único acto de violencia durante toda la expedición.

Miembros de la tribu pies negros

Días después, el grupo de Lewis se reunió con el grupo de Clark.

En agosto de 1806, la expedición llegó a la zona de la tribu mandan, allí uno de los miembros de la expedición, John Colter, se separó para dirigirse a Yellowstone en busca de castores. Colter es considerado el primer *mountain man*. Aquello hombres abrieron caminos que posteriormente utilizaron los migrantes en sus rutas hacia el oeste.

Ese mismo agosto, la expedición se despidió de Sacajawea y de Charbonneau, y continuaron su viaje de regreso.

El 23 de septiembre de 1806, después de dos años, cuatro meses, diez días y un viaje de unos 9600 km, la expedición finalizó su aventura descubriendo más de doscientas nuevas especies de plantas y animales.

Muchas ciudades celebraron la llegada de la expedición. El capitán Lewis fue recompensado con aproximadamente 6.5 km2 de tierras, y el nombramiento, en 1807, como gobernador del Territorio de Luisiana.

Dos años después de que nombraran a Lewis gobernador de Luisiana, nació en Hodgenville, Kentucky, uno de los políticos más importantes de la historia de Estados Unidos, Abraham Lincoln.

El 11 de octubre de 1809, Meriwether Lewis, con 35 años, apareció muerto por disparos en una posada llamada Grinder's Stand en el Natchez Trace. Se cree que Lewis pudo suicidarse.

William Clark murió en San Luis el 1 de septiembre de 1838, a los 68 años.

En cuanto a la muerte de Sacajawea, se sabe que una de las esposas de Toussaint, murió en 1812, pero se desconoce si se trataba de la india shoshone.

En 1808, se produjo un hecho que marcó la historia de los Estados Unidos, la prohibición de la importación y la exportación de esclavos. Aquel año, empezó un proceso para finalizar con la esclavitud en los estados del norte. A diferencia de los estados del norte, en los estados del sur, la esclavitud se potenciaba junto con el comercio de algodón. El algodón fue la materia prima de todas las economías europeas así como la de los estados del norte. En 1793, el inventor Eli Whitney fabricó la máquina desmotadora para desgranar el algodón, se encargaba de separar las semillas de la planta. Eli Whitney fue el primer hombre de los Estados Unidos que utilizó la línea de montaje para la fabricación de mosquetes. Diseñó máquinas que fabricaban piezas idénticas y así poder fabricar las armas en menor tiempo y siendo el proceso más económico.

Eli Whitney (1765 – 1825)

Un siglo después, la fabricación en serie sería utilizada por Henry Ford en la fabricación de vehículos.

Comercio de Pieles

El general Chittenden, destacado historiador del oeste de Estados Unidos y experto en la historia del comercio de pieles, dijo: «Fue el comerciante itinerante y el solitario cazador el que primero buscó estas tierras salvajes e inhóspitas, rastreó los riachuelos hasta su nacimiento, escaló los pasos de las montañas, y exploró una extensión ilimitada de territorio donde el hombre blanco jamás había estado antes».

Los comerciantes y los cazadores fueron quienes exploraron y establecieron las rutas de viaje. Fueron los pioneros de Occidente, y no aquellos exploradores oficiales que posteriormente fueron reconocidos. Los exploradores gubernamentales no descubrieron mucho sobre la geografía occidental después de 1840.

No se escribieron muchos relatos sobre estos importantes comerciantes y cazadores. Los que participaron en estas aventuras no sabían escribir, y los que sí sabían, carecían de experiencia. Pero lo que ellos no pudieron hacer, lo realizó un joven explorador británico que vivió entre los tramperos como si fuera uno de ellos. Escribió sobre sus experiencias y las de sus compañeros. Este hombre fue George Frederick Ruxton.

George Frederick Ruxton, 1840

Nació el 24 de julio de 1821, cerca del condado de Oxfordshire, Inglaterra. Intrigado por la vida de los tramperos y de los nativos americanos, viajó hacia

Canadá. Allí sirvió en el octogésimo noveno regimiento de la princesa Victoria.

En la década de 1840, trabajó como mountain man. Años después, detalló su experiencia en el libro *Life in the far west*.

A los 27 años murió de disentería en la ciudad de St. Luis, Misuri.

En 1810, John Jacob Astor fundó la empresa Pacific Fur Company, dedicada al comercio de pieles. Dos años después, siete trabajadores de la empresa fueron los primeros americanos en cruzar la división continental en South Pass, actual Wyoming. Años después, medio millón de emigrantes utilizaron esa ruta dirección al oeste.

Las empresas dedicadas al comercio de pieles negociaban con los amerindios. Estos ejercían de tramperos para obtener la piel de los animales. Cuando tenían las pieles, a menudo las intercambiaban por productos como el alcohol. Pero en el año 1822, se prohibió la venta de alcohol a los amerindios y el comerciante de pieles Andrew Henry pensó que, en vez de comerciar con los nativos, podía recurrir al trabajo de estadounidenses para que fueran ellos los que hicieran de tramperos.

En 1822, Andrew Henry y otro veterano de guerra, William Henry, publicaron un anuncio en el que se buscaban cien jóvenes emprendedores para ascender al río Misuri en busca de pieles de castor. Aquellos emprendedores fueron conocidos como los «Cien de Ashley».

Entre todos los elegidos, destacaron dos jóvenes; Jim Bridger de 17 años y Jedediah Smith de 23 años.

A estos primeros exploradores se les conoció con el nombre de *mountain man* (hombres de montaña), y fueron cazadores, tramperos o exploradores en busca de pieles, sobre todo la del castor.

Las compañías de pieles contrataban a tramperos para cazar castores. Las pieles de este animal se usaban para hacer, sobre todo, sombreros y capas, ya que eran muy demandados en las ciudades del Este, en Gran Bretaña y en algunos países europeos.

En 1823, había unos trescientos tramperos por las Montañas Rocosas cazando castores para la venta de su piel. Se estima que de cada diez tramperos, dos morían durante la época de caza.

Jim Bridger nació el 17 de marzo de 1804, en Richmond, Virginia. A los 17 años formó parte del grupo de emprendedores de Ashley y realizó expediciones con otros famosos tramperos como Hugh Glass, un famoso trampero que sobrevivió al ataque de una osa grizzli.

El oso grizzly es una de las subespecies más grande del oso pardo.

28

En 1830, Bridger creó, junto a otros tramperos, la «Compañía de pieles de las Montañas Rocosas».

Jim Bridger (1804 – 1881)

Bridger pasó gran parte de su vida explorando el Oeste y creando rutas nuevas como el actual Paso Bridger el cual descubrió en 1850.

El 17 de julio de 1181, Bridger murió a la edad de 77 años, en su granja, cerca de Kansas City, Misuri.

Jedediah Smith fue uno de los cazadores más famosos de la época. Nació en Jericho, Nueva York, el 6 de enero de 1799. Hoy en día es considerado por muchos como un héroe estadounidense.

Jedediah Smith 1799 – 1831

Fue el sexto de catorce hermanos. Los Smith vivían cerca de Jericó, Nueva York pero a principios de 1800, se mudaron a las costas del lago Erie en Ohio.

Jedediah era cristiano y sus compañeros inseparables durante sus viajes fueron su biblia y su arma. También se cree que Jedediah llevaba en todos sus viajes una copia del diario de la expedición de Lewis y Clark.

En 1821, Jedediah dejó a su familia y se dirigió hacia St. Luis, Misuri, para encontrar trabajo. Un año después, respondió al anuncio en el que buscaban emprendedores para ir a las montañas occidentales. Jedediah se unió al general William Ashley, al comandante Andrew Henry y a su compañía de tramperos y se convirtió en uno de los cazadores con más éxito de las Montañas Rocosas. Llegaba a cazar unas seiscientas pieles de castor por temporada, sobrevivió a tres masacres indígenas e incluso al ataque de un oso grizzly.

Probablemente, Jedediah fue el primer hombre blanco que atravesó el estado de Nevada, el estado de Utah, el primero en adentrarse en California y escalar Sierra

Nevada así como el primero en explorar la costa interior del Pacífico.

Jedediah murió a manos de guerreros comanches en 1831, el mismo año en que nació el que sería el jefe espiritual de la tribu lakota y jefe supremo de toda la nación Sioux, Tatanka Iyotanka más conocido con el nombre de Toro Sentado.

El máximo periodo de recolección de pieles de castor lo encontramos entre el año 1820 y el 1840. Entre 1825 y 1840, representantes de las compañías dedicadas al comercio de pieles se reunían anualmente para realizar negocios. Aquella cita anual fue conocida como el *rendezvous* de las Montañas Rocosas.

Conflicto contra México

La expansión de Estados Unidos entró en conflicto contra México. Los colonos se instalaron en Texas y esa gran masa de pioneros originó que se creara un conflicto.

Desde que, en 1821, México declarara su independencia de España, colonos de origen norteamericano se había ido instalando en la zona de Texas en busca de tierras fértiles y trabajo. El número de migrantes sobrepasó al número de mexicanos de origen. Las diferencias culturales provocaron que hubiera conflictos entre la población.

En 1832, insurgentes texanos capturaron Fort Velasco e iniciaron el primer conflicto militar entre colonos y mexicanos.

Antonio López Santa Anna alcanzó la presidencia de México.

Antonio de Padua María Severino López de Santa Anna y Pérez de Lebrón (1794 –1876)

En 1835, los colonos, en su gran mayoría pertenecientes a los Estados Unidos, ya eran diez veces más que los ciudadanos de la región y decidieron independizarse.

La promulgación de la constitución centralista de 1835; el deseo de regirse por las leyes de 1824; las pretensiones de independencia o quizás, las ansias de riqueza, originaron un movimiento parecido al de la guerra de independencia.

Considerado como el inicio de la independencia de Texas, el 2 de octubre de 1835, comenzó la guerra con la batalla de González. Por un lado se encontraba el teniente Francisco de Castañeda al frente de cien hombres del ejército mexicano, por otro, el comandante texano John Henry al mando de ciento cincuenta soldados. En esta batalla murió un soldado del ejército mexicano. Los texanos declararon que no reconocían el gobierno de Santa Anna.

Por otro lado, las confrontaciones entre apaches y comanches contra la población continuaban, para poder hacerles frente, en 1835, se creó un cuerpo especial llamado los Rangers de Texas. Los Rangers estaban formados por tres compañías de unos cien hombres aproximadamente.

La Revolución de Texas continuó y, durante la mañana del 10 de octubre de 1835, se produjo el segundo combate donde colonos texanos atacaron a los soldados mexicanos en un fuerte de la población de Goliad. Los comandantes al frente de esta contienda fueron Juan López Sandoval del lado mexicano al frente de unos treinta soldados y George M. Collinsworth del lado texano al frente de unos cincuenta soldados. Se estima que durante la batalla murieron tres soldados mexicanos y unos pocos heridos del ejército texano. Los soldados texanos confiscaron provisiones con un valor aproximado de diez mil dólares.

El 28 de octubre de 1835, se produjo la Batalla de la Concepción. Al frente del ejército mexicano se encontraba el general Martín Perfecto de Cos. El lado texano lo comandaba Stephen F. Austin. En esta batalla murieron aproximadamente seis soldados mexicanos y uno texano.

La siguiente batalla tuvo lugar el 26 de noviembre de 1835, en Arroyo de Alazán. Los rebeldes texanos quisieron hacerse con el botín de lingotes de plata que transportaba un tren con unos ciento cincuenta soldados mexicanos. Aproximadamente ciento cuarenta soldados texanos hicieron huir a los mexicanos. A la hora de examinar el botín se dieron cuenta de que en lugar de plata, los sacos estaban llenos de pasto para los animales. De la confrontación murieron dieciséis soldados mexicanos.

La siguiente batalla comenzó el 12 de octubre de 1835 y finalizó el 11 de diciembre del mismo año. Fue conocida como el Asedio de Béjar y la rendición de los soldados mexicanos hizo que los texanos adquirieran la Misión del Álamo en la ciudad de San Antonio. Durante el conflicto murieron aproximadamente ciento cincuenta soldados mexicanos y treinta y cinco texanos.

La siguiente batalla tuvo lugar el 4 de noviembre de 1835, en el Fuerte de Lipantitlán. Un centenar de hombres por cada bando se enfrentaron y como resultado tuvo lugar una nueva victoria texana.

El 27 de febrero de 1836, tuvo lugar la Batalla de San Patricio. Bajo las órdenes de Santa Anna, el general José Urrea estaba al frente de quinientos soldados mexicanos. Frank Johnson estaba a cargo de unos sesenta soldados texanos. Esta batalla la ganó el ejército mexicano en el que se produjo una muerte frente a una veintena del lado texano.

El 2 de marzo de 1836, se produjo la Batalla de Agua Dulce donde los rebeldes texanos fueron derrotados. Durante el enfrentamiento murieron cerca de cuarenta soldados texanos.

El 26 de febrero de 1836, se originó un asedio de trece días en un conflicto militar decisivo. Ese asedio fue conocido con el nombre de la Batalla de El Álamo. La batalla era tan importante porque se creía que quién controlara El Álamo podría controlar la ciudad de San Antonio de Béjar. Las fuerzas insurgentes se hicieron con La Bahía y San Antonio de Béjar (El Álamo).

El Álamo 1854

Los líderes principales de la batalla de El Álamo fueron los aventureros Davy Crockett, James Bowie y el abogado y militar William Barret Travis.

Davy Crockett (1786 –1836), James Bowie (1796 – 1836) y William Travis (1809 – 1836)

En aquella batalla, alrededor de ciento ochenta y nueve colonos locales se hicieron con el puesto militar de El Álamo con el fin de convertir el territorio de Texas en estado independiente. El ejército de México se encontraba encabezado por Antonio López de Santa Anna y seis mil soldados. El ejército de Santa Anna tocaba música con tambores y cornetas, el ejército texano tocaba música folclórica para apaciguar el estado psicológico de las casi doscientas personas.

William Travis murió al empezar la batalla, James Bowie se cree que murió de tuberculosis antes de que se iniciara la batalla y sobre Davy Crockett hay controversia en la forma en que murió, algunos creen que murió combatiendo y otros que se rindió antes de morir.

El Álamo resistió desde el día 23 de febrero hasta el 6 de marzo de 1836 cuando, en una hora, mil quinientos soldados mexicanos mataron a casi todos los colonos para recuperar el Álamo.

Es un error creer que la iglesia de la siguiente imagen era El Álamo, el Álamo era mucho más que este edificio.

A pesar de lo que se ve en las películas, hay relatos que indican como hubo personas que pudieron salir del Álamo y luchar fuera de él.

Se cree que durante el asedio de El Álamo murieron unos doscientos soldados mexicanos.

El 14 de marzo de 1836, se produjo la Batalla de Refugio. Dos cientos ochenta soldados mexicanos vencieron a los ciento cuarenta y ocho soldados texanos.

La siguiente victoria mexicana tuvo lugar días después, el 20 de marzo, en la Batalla de Coleto. Los trescientos sesenta soldados mexicanos derrotaron a los cuatrocientos soldados texanos. Hicieron prisioneros a los derrotados texanos y el 27 de marzo fueron llevados a Goliad donde se produjo un fusilamiento masivo conocido como la Masacre de Goliad. Soldados mexicanos ejecutaron a aproximadamente trescientos treinta rebeldes texanos.

El 21 de abril de 1836, se produjo un acontecimiento decisivo conocido como la Batalla de San Jacinto. El gobierno mexicano iba ganando las batallas pero el ejército texano con novecientos soldados y encabezado por Samuel Houston, sorprendió y ganó al ejército mexicano de mil setecientos soldados. El éxito de la batalla consistió en la captura del presidente Santa Anna.

A cambio de la liberación de Santa Anna, se concedió la independencia de Texas.

Samuel Houston (1793 – 1863)

En el año 1845, la República de Texas se anexó a los Estados Unidos de América pasando a ser el estado número veintiocho.

Destino Manifiesto

Con la expansión de la frontera se llevó a cabo una continua búsqueda de oportunidades. Durante esa búsqueda, murieron unas veinte mil personas mientras viajaban con las caravanas de carretas que avanzaban del Este civilizado al Oeste Salvaje.

El progreso estadounidense de John Gast.
Representación alegórica del Destino Manifiesto.

La apropiación de aquellas tierras y la expulsión de los amerindios que las habitaban, quedaba justificado por el llamado «Destino Manifiesto», un plan divino para el mundo en el que el avance, la religión y la tecnología, fueron llevados a esas tierras sin importar las consecuencias.

En 1845, el periodista estadounidense John L. O'Sullivan utilizó el término «Destino Manifiesto» para promover la anexión de Texas y el país de Oregón a los Estados Unidos.

O'Sullivan publicó en la edición de julio-agosto de 1845, en el periódico «Democratic Review», el siguiente texto: «El cumplimiento de nuestro "destino manifiesto" es extendernos por el continente que nos ha sido asignado por la Providencia para el libre desarrollo de nuestros millones de habitantes que se multiplican anualmente».

La segunda vez que O'Sullivan utilizó el término, esta vez con más repercusión, fue el 27 de diciembre de 1845, en una columna del periódico «New York Morning». El texto decía lo siguiente: «Y esta demanda está basada en el derecho de nuestro "destino manifiesto" a poseer todo el continente que nos ha dado la Providencia para desarrollar nuestro gran cometido de libertad, y autogobierno».

John Louis O'Sullivan (1813 – 1895)

No toda la población estuvo a favor del «Destino Manifiesto», hubo quién se opuso y estuvo en contra del uso de la fuerza para la expansión territorial de los Estados Unidos.

Migraciones

En 1840, gran parte de la mayoría de los migrantes que llegaron a Estados Unidos venían del norte y del occidente de Europa. Sobre todo de Alemania e Irlanda. La pobreza y el hambre obligaron a estas personas a migrar hacia Estados Unidos. El ochenta por ciento de estos migrantes se quedaron en el noreste.

En 1840, Estados Unidos regalaba ciento treinta hectáreas de tierras en el estado de Oregón para quién se dirigiera allí y las proclamase suyas.

Durante los años posteriores, miles de pioneros atravesaron la ruta de Santa Fe, situada en el territorio de Nuevo México, la de California o la más utilizada, la ruta de Oregón.

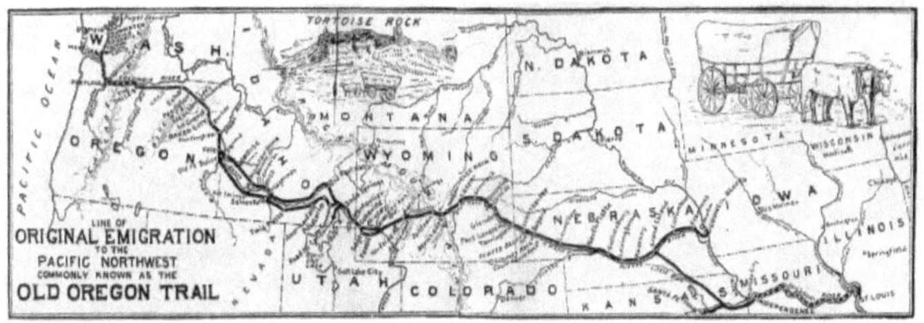

Había comenzado el inicio de la migración y muchas personas emigraron por diferentes motivos. Emprendieron un viaje que tenía como punto de partida, la llamada Puerta del Oeste, la cual se encuentra en la ciudad de San Luis, ciudad adquirida con la compra de Luisiana realizada por el presidente Jefferson.

Actualmente, el arco de San Luis representa la puerta de entrada hacia el Oeste.

Desde San Luís, exploradores, veteranos de guerra e innumerables personas de Estados Unidos y Europa, lo vendieron todo y viajaron hacia el Oeste en busca de una vida mejor.

Entre los migrantes también hubo grupos religiosos como el caso de los mormones. Este grupo fue dirigido por Joseph Smith, fundador del Movimiento de los Santos de los Últimos Días. Joseph Smith afirmó haber recibido instrucciones del profeta Moroni y de Jesús en el que le habían encomendado organizar nuevamente la iglesia cristiana y traducir unas planchas de oro para crear el Libro de Mormón. Hubo muchos detractores de la nueva corriente pero también muchos seguidores.

Joseph Smith (1805 – 1844)

Joseph Smith murió junto a su hermano en la prisión de Carthage, Illinois. El 27 de junio de 1844, un grupo de doscientas personas lograron entrar en la celda donde se encontraban ambos hermanos y los asesinaron disparándoles con armas de fuego.

Durante la primavera de 1846, Brigham Young, el segundo presidente de La Iglesia de Jesucristo de los Santos de los Últimos Días, lideró un grupo de ciento cuarenta y ocho seguidores mormones desde Illinois a través de las Montañas Rocosas dirección el valle del Gran Lago Salado. Más de cinco mil pioneros mormones se dirigieron, entre 1845 y 1847, al territorio del Gran Lago Salado, en el norte del actual estado de Utah.

La vida en los primeros asentamientos fue difícil; enfermedades; inviernos muy fríos; veranos con sequías o la infertilidad de las tierras, hizo que la vida fuera dura y esas tierras, prácticamente inhabitables.

El medio de transporte en el cual viajaban fueron las carretas que eran tiradas por bueyes, mulas o caballos.

El viaje se realizaba en caravanas que en algunas ocasiones estaba formada por más de mil personas.

Las carretas y los animales que las transportaban tendrían un valor actual aproximado de entre cinco mil y doce mil euros. Para poder comprarlas, las familias ahorraban durante años, vendían todas sus propiedades e iniciaban el gran viaje.

Las caravanas formaban una comunidad en la que los proclamados jefes, debían de poner orden y juzgar los delitos cometidos durante el trayecto. Las sentencias que juzgaban los delitos infligían duros castigos para que el grupo mantuviera la disciplina.

Durante la noche, las carretas solían ponerse formando un círculo, haciendo una especie de corral, donde todos estuvieran más protegidos. Algunos hombres formaban grupos y realizaban guardias para proteger a la comunidad. Estos vigilaban, a la luz de los fuegos, los peligros que pudiera deparar la noche como el de tribus indígenas o el de algunos animales salvajes como los linces, osos o coyotes. Por la mañana, proseguían con el viaje.

Las familias también necesitaban dinero durante el trayecto ya que los indígenas les cobraban por cruzar por caminos o ríos.

En un viaje de seis a ocho meses, con más de tres mil kilómetros y más de cinco tumbas cada mil metros, veinte mil pioneros no llegaron a su destino.

Enfermedades, hambre o una simple infección podía causar la muerte de aquellos viajeros durante el recorrido.

En 1846, el mal tiempo dejó atrapados en la cordillera de Sierra Nevada a un grupo de colonos, George Donner fue quien dirigió el grupo conocido como la expedición Donner.

Durante el trayecto hacia California, George Donner decidió llevar al grupo por un atajo que, según creía, ahorraría muchos kilómetros de viaje. Pero el mal tiempo dejó atrapado al grupo y tanta nieve acumulada hizo que fuera imposible continuar con el viaje hasta pasados cinco meses.

El primer mes, el grupo ya había acabado con toda la comida que tenía para el trayecto. Sin comida, tuvieron que sacrificar a los animales para poder alimentarse. Una vez se comieron a todos los animales, comieron lo que pudieron, hicieron caldo con los huesos de los animales e incluso con las alfombras de piel de buey. Una vez agotadas todas las opciones, en las navidades de 1846, el grupo recurrió al canibalismo para poder sobrevivir.

Varios miembros del grupo fueron rescatados en 1847 por los equipos de rescate. Cuando fueron en busca de los Donner, se encontraron a George Donner con el cráneo abierto y observaron que de su interior le faltaba el cerebro.

En 1850, se promulgó la Donation Land Claim Act, un estatuto por el Congreso de los Estados Unidos en el que se promovía unos asentamientos de viviendas en el territorio de Oregón. Miles de colonos aumentaron las filas de personas que se dirigían hacia el nuevo territorio. Cada ciudadano blanco soltero conseguiría un terreno de 1.3 km2, cada pareja casada conseguiría el doble de terreno. Para poseer aquella tierra, debían de vivir en ella y cultivarla durante un periodo de cuatro años.

En 1851, el Congreso aprobó un Proyecto de Ley para trasladar a las tribus nativas hacia reservas cerradas y protegidas por el gobierno federal. Esta ley fue un precedente para las actuales reservas de nativos americanos. Según el gobierno federal de aquella época, se creaban las reservas para la protección de los nativos americanos debido a la fuerte migración hacia el oeste.

Dos años después, la migración llevó a que un germano-estadounidense fundara en San Francisco, la primera compañía dedicada a la fabricación de pantalones vaqueros, su nombre era Levi Strauss y abrió una tienda que suministraba productos y ropa para los mineros.

En 1854, la tierra en Oregón se vendía a unos tres dólares la hectárea.

En 1859, Oregón fue admitido como estado de los Estados Unidos de América.

En el año 1846, nació el famoso explorador y cazador de bisontes William Frederick Cody, los cazaba para proveer de comida a trabajadores del ferrocarril y fue popularmente conocido con el sobrenombre de Buffalo Bill.

Buffalo Bill (1846 – 1917)

William Frederick «Buffalo Bill» Cody nació el 26 de febrero de 1846 en el condado de Scott (Iowa). A los once años realizó trabajos de mensajería donde pudo desarrollar sus habilidades como jinete. Participó en numerosas guerras contra los indios. En la década de 1860, entabló una amistad con el famoso explorador y aventurero James Butler más conocido como «Will Bill»

Hickok. Sirvió en el Séptimo Regimiento de Caballería de Kansas y, en 1870, había conseguido una excelente reputación como explorador y guía. Tal reputación no le siguió con los espectáculos que realizaba por los Estados Unidos.

Fiebre del oro

En 1848, corrió la noticia sobre el descubrimiento de oro encontrado por el carpintero James Wilson Marshall. El oro lo descubrió mientras construía un aserradero, el «Sutter's Mill», propiedad de John Sutter. Fue construido cerca del pueblo de Coloma, a lo largo del río American.

James W. Marshall (1810 – 1885).

Pese a su fama por haber encontrado oro, murió

prácticamente en bancarrota.

La noticia se expandió y precipitó la fiebre del oro. En un año, unos cien mil buscadores de oro se dirigieron hacia el lugar en busca de fortuna dispuestos a correr cualquier riesgo y trabajar duro con tal de encontrar aquel material. Aquel viaje suponía una aventura a veces peligrosa y muchas veces decepcionante.

La fiebre del oro la propagó también un tendero mormón llamado Samuel Brannan. En 1847, Brannan compró la única tienda en la actual ciudad de Sacramento. Pronto, observó cómo compradores le ofrecían el oro encontrado a cambio de los productos que querían adquirir. Brannan vio una gran oportunidad de negocio. Compró otra tienda y obtuvo el máximo número de herramientas para la localización del oro. Cuenta la leyenda que, en mayo de 1848, viajó hacia San Francisco. Cuando bajó del ferry, mostró una botella llena de polvo de oro y gritó: «¡Oro!, ¡Oro!, ¡Oro del río American!». Parte de la población se dirigió inmediatamente en busca del oro. Debido a que en aquella época no existía el telégrafo ni el ferrocarril y las noticias tardaban en llegar, el resto del país tardó más en dirigirse hacia aquel lugar. Samuel Brannan no buscó oro pero se benefició de la fiebre de aquel material dorado.

Samuel Brannan (1819 – 1889).

A pesar de la fortuna que consiguió, murió sin tener dinero suficiente para poder sufragar su propio funeral. En la década de 1850, en la ciudad de Nueva York, se publicitaban viajes para quien quisiera ir en busca de fortuna. Cerca de 85.000 personas abandonaron sus trabajos y hogares para ir a California.

Publicidad para viajar hacia California

Debido a la llegada masiva de buscadores de oro, la población de California aumentó considerablemente. Muy pocos buscadores se hicieron ricos, los que sí alcanzaban fortunas fueron los que vendían el material minero.

El minero S. Shufelt detalló en una carta escrita a su primo en octubre de 1850: «He dejado a los que amo, arriesgué todo y soporté muchas dificultades para llegar hasta aquí, quiero ganar lo suficiente para poder vivir mejor». Shufelt detalló el casi interminable viaje hasta llegar a las minas, las numerosas enfermedades y muertes durante el trayecto y la tristeza debida a la incertidumbre de cómo estaría su familia. Todo ello reflejaba las duras condiciones de vida a las que se exponían los buscadores de fortuna. En la carta describió la maldad que hubo durante la vida en los campamentos: «la gente estaba robando, bebiendo, apostando e incluso asesinando.»

En la década de 1840, llegó a California el mexicano Joaquín Murrieta. La búsqueda de fortuna y oportunidades le llevó a aquel lugar pero lo único que encontró fue discriminación.

Entre tanta desigualdad, logró hacerse líder de la banda conocida como «Los cinco Joaquines», formada por Joaquín Murrieta, Joaquín Carrillo, Joaquín Botellier, Joaquín Ocomoreña y Joaquín Valenzuela. La banda se dedicó a realizar asaltos y asesinatos en las zonas de yacimientos de oro.

Para detener a la banda, el 11 de mayo de 1853, se creó una unidad especial llamada Los Rangers de California, cuyo capitán al mando fue Harry Love.

Meses después, el 25 de julio de 1853, los Rangers localizaron a la banda y después de un tiroteo, acabaron supuestamente con la vida de Murrieta. Los Rangers cortaron la cabeza de Murrieta, la conservaron en un jarrón y la fueron enseñando a espectadores que quisieran pagar por verla. Hubo quién desmintió que aquella cabeza perteneciera a Joaquín Murrieta pero después de la supuesta muerte, la leyenda de Murrieta creció y se crearon novelas y canciones basadas en su historia.

Joaquín Murrieta (1829 – 1853)

Canciones y novelas relatan cómo Murrieta se convirtió en un vengador debido a que norteamericanos violaron y asesinaron a su mujer.

Harry Love (1810 – 1868).

El 29 de junio de 1868, mientras el jefe de los Rangers estaba en la ciudad de Santa Clara, California, recibió un disparo en un brazo. Intentaron salvarle la vida amputándoselo pero no logró sobrevivir.

En 1858, hubo un nuevo descubrimiento de oro cerca del pico Pike, al este de las Montañas Rocosas. Cien mil buscadores de oro se dirigieron hacía el lugar en busca de fortuna. De los asentamientos mineros surgieron hoteles, bares, tiendas y aquellos asentamientos acabaron convirtiéndose en ciudades. Algunas desaparecieron cuando se acabó el oro pero otras se convirtieron en grandes ciudades como la ciudad de Denver.

En 1859, se originó el primer gran descubrimiento de plata. El Comstock Lode, fue un filón de mineral de plata que se encontraba bajo la ladera oriental del Monte Davidson, Nevada. La veta de Comstock fue el depósito de plata más grande de toda la historia de Estados Unidos.

El tren subterráneo

A finales de la década de 1840, la suscripción en algunos periódicos podía costarte dos dólares anuales. En aquellos periódicos podías encontrar todo tipo de informaciones, algunas de ellas, hoy en día impensables como la publicación del 3 de octubre de 1849. Ese día, Eliza Ann Brodess publicó en el periódico «Cambridge Democrat» el siguiente anuncio:

THREE HUNDRED DOLLARS REWARD.

RANAWAY from the subscriber on Monday the 17th ult., three negroes, named as follows: HARRY, aged about 19 years, has on one side of his neck a won, just under the ear, he is of a dark chestnut color, about 5 feet 8 or 9 inches hight; BEN, aged aged about 25 years, is very quick to speak when spoken to, he is of a chestnut color, about six feet high; MINTY, aged about 27 years, is of a chestnut color, fine looking, and about 5 feet high. One hundred dollars reward will be given for each of the above named negroes, if taken out of the State, and $50 each if taken in the State. They must be lodged in Baltimore, Easton or Cambridge Jail, in Maryland.

ELIZA ANN BRODESS.
Near Bucktown, Dorchester county, Md.
Oct. 3d, 1849.

The Delaware Gazette will please copy the above three weeks, and charge this office.

«Trescientos dólares de recompensa. Huyeron tres negros, llamados de la siguiente manera: Harry, de unos 19 años, de color castaño oscuro, de aproximadamente 5, 8 o 9 pulgadas de alto; Ben, de unos 25 años, es muy bueno hablando cuando se le conoce, es de color castaño, de unos seis pies de alto; Minty, de unos 27 años de edad, es de color castaño, de aspecto fino, y de aproximadamente 5 pies de alto, se otorgará una recompensa de cien dólares por cada uno de los negros mencionados, si se trae desde fuera del Estado, y 50 dólares cada uno si se capturan en el estado. Deberían alojarse en Baltimore, Easton o Cambridge Juil, Maryland.»

Los tres afroamericanos se habían fugado pero poco después de su fuga regresaron con su propietario. Más adelante, Harry Tubman volvió a fugarse desde Maryland, pero esta vez sin sus hermanos.

Harriet Tubman

Harriet utilizó el tren subterráneo para poder escapar y llegar a Filadelfia. Durante su estancia en Filadelfia, encontró trabajo y rehízo su vida pero decidió volver a la tierra donde había sido esclava para liberar a su familia y a decenas de esclavos.

Participó en trece misiones de rescate y liberó aproximadamente a setenta esclavos.

Trayecto del Ferrocarril Subterráneo

Harriet Tubman, la ya popularmente conocida con el nombre de Moisés, colaboró con famosos abolicionistas como Frederick Douglass o John Brown.

El 10 de marzo de 1913, Harriet Tubman falleció de neumonía a los 93 años de edad.

En 1850, se llevó a cabo un acuerdo en el que se tomaron una serie de medidas en relación con el problema de la esclavitud y las diferencias entre el norte y el sur.

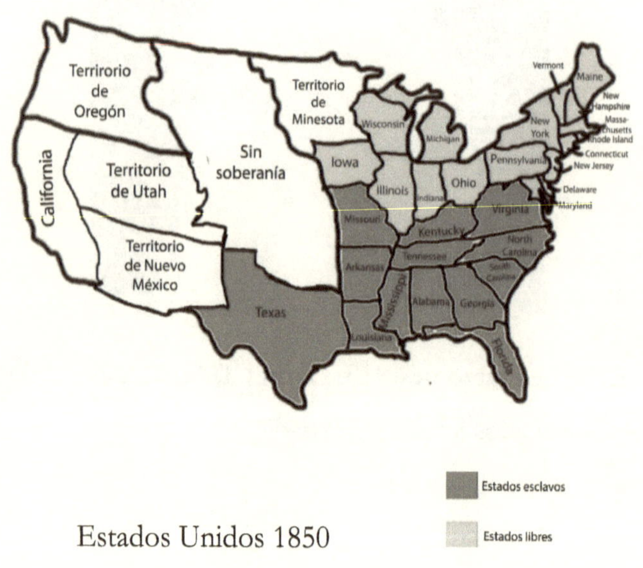

Estados Unidos 1850

La ley de 1793 permitía a los propietarios de esclavos cruzar las fronteras en busca de los esclavos que hubieran escapado. A estos esclavos se les negaba derechos básicos como el *habeas corpus* o un juicio con jurado.

Los estados del norte promulgaron leyes que daban más libertad y derechos a los esclavos. Pero los estados sureños exigían que ley de esclavos fugitivos fuera más severa.

Como parte del acuerdo de 1850, se promulgó otra ley que imponía sanciones a quien ayudara a los esclavos a huir. Según la ley, estos esclavos no tenían derecho a la defensa ni a un juicio con jurado, asimismo, la carga de la prueba recaía sobre ellos que eran los que tenían que demostrar que no eran culpables.

La dureza de la ley hizo que se acrecentara la simpatía por el abolicionismo y que los esclavos eligieran estados como el de Canadá como destino para su libertad. Para combatir el esclavismo se había organizado la red clandestina llamada el Ferrocarril Subterráneo encargada de ayudar a los esclavos fugitivos a llegar a los estados del norte y especialmente a Canadá. Desde finales de la década de 1820 hasta que dio comienzo la guerra civil estadounidense, decenas de miles esclavos utilizaron el Ferrocarril Subterráneo para huir hacia el norte.

Como parte del Ferrocarril Subterráneo encontrábamos al maquinista; que era la persona que ayudaba a los esclavos para la huida; los pasajeros eran los esclavos fugitivos; los carriles eran las rutas que tomaban y a la vivienda en la que se podían esconder y alojar los esclavos, se la denominaba Estación del Ferrocarril.

En Fountain City, Indiana, se encontraba la casa de los abolicionistas Levi y Catherine Coffin. La vivienda fue utilizada como Estación de Ferrocarril durante dos décadas y alojó a más de dos mil esclavos fugitivos.

Levi Coffin y Catherine White Coffin

En 1852, se publicó una novela de la escritora norteamericana Harriet Beecher Stowe. La novela fue titulada *La cabaña del tío Tom* y su tema principal fue la esclavitud. La acción de la novela transcurre en Kentucky, antes de que se aboliera la esclavitud. Tom era uno de los mejores esclavos que tenía su propietario pero, debido a las dificultades económicas que tenía, tuvo que vender a Tom junto a Henry, un niño. Ambos esclavos no tuvieron el mismo destino.

Harriet Beecher Stowe (1811 – 1896)

En el año 1849, se nombró al primer detective de policía en Chicago, Allan J. Pinkerton.

Allan Pinkerton (1819 – 1884)

Allan Pinkerton nació en 1819, en Glasgow, Escocia. A los veintitrés años emigró a los Estados Unidos y se instaló cerca de Chicago.

En 1850, Allan Pinkerton fundó la Agencia Nacional de Detectives Pinkerton. La primera oficina se abrió en Chicago, Illinois. En 1853, los detectives colaboraban con la Policía para detener a criminales en cualquier parte del país.

Un día de 1856, Pinkerton se encontraba en su oficina cuando recibió la visita de una mujer de unos veintitrés años. La mujer, Kate Warne, se había dirigido por una oferta de trabajo y Pinkerton se sorprendió al ver que no estaba buscando trabajo de oficina sino que ella quería trabajar como detective, algo inusual en la época. Pinkerton en un principio se negó a contratarla pero después de que la mujer argumentara por qué debería ser detective, el fundador de la agencia aceptó contratarla y Kate Warne se convirtió en la primera mujer detective. Años después, Warne había demostrado ser válida para el desempeño de su trabajo y en 1860, Allan Pinkerton la puso a cargo de una nueva oficina de detectives. Durante la guerra civil, Pinkerton trabajó como jefe del Servicio de Inteligencia de la Unión convirtiéndose en el precursor del Servicio Secreto de los Estados Unidos.

Allan Pinkerton, Abraham Lincoln y el general de división John A. McClernand, 1862

Durante aquella época, Pinkerton contrató a John Scobell, el primer agente de inteligencia afroamericano.

El trabajo de los Pinkerton resultó ser valioso, en especial en el año 1861, cuando la agencia logró frustrar un intento de asesinato al presidente Abraham Lincoln.

Las décadas siguientes, trabajaron en busca de fugitivos, cuatreros y forajidos. Grandes compañías contrataron a la agencia para poder hacer frente a sus problemas con los delincuentes.

Allan Pinkerton murió en 1884 y la agencia la acabaron dirigiendo sus dos hijos, Robert y William Pinkerton.

En la década de 1900, los Pinkerton disponían de veinte oficinas en los Estados Unidos.

En 1854, se crearon los estados de Nebraska y Kansas.

En aquellos territorios no estaba permitida la esclavitud. Pero en la ley de creación de esos estados, la ley de Kansas-Nebraska, había previsiones en las que alguno de esos dos estados pudiera decidir sobre si legalizaban o no la esclavitud. Cuando Kansas se fue colonizando, se produjeron fuertes conflictos entre proesclavistas y antiesclavistas creando divisiones por toda la nación.

En la década de 1850, un abolicionista radical, llamado John Brown, creyó que el único camino para abolir la esclavitud era una insurrección armada.

En 1858, ya se había convertido en un héroe para los abolicionistas extremistas del norte y disponía de un pequeño grupo de guerrilleros para la liberación de esclavos.

En 1859, Brown quería obtener armas para la rebelión de esclavos y asaltó, junto a unas veinte personas, el arsenal federal de Harpers Ferry en Virginia Occidental. El grupo fue rodeado y apresado por el ejército del coronel Lee. Brown fue acusado de traición y asesinato y, el 2 de diciembre de 1859, fue ahorcado.

John Brown (1800 – 1859)

Presenciando la ejecución de Brown, se encontraba John Wilkes Booth, el futuro asesino de Abraham Lincoln.

Su ejecución desencadenó una oleada de protestas a nivel nacional a favor y en contra de la esclavitud.

Guerra Civil

El 6 de noviembre de 1860, Abraham Lincoln fue el vencedor en la candidatura como presidente de los Estados Unidos. Un mes después de la elección de Lincoln, Carolina del Sur se separó siendo el primer estado en segregarse de los Estados Unidos. Otros estados siguieron a Carolina del Sur y se separaron para formar parte de los Estados Confederados de América.

Dos modelos de políticas económicas distintas y el conflicto con la esclavitud hicieron que el 12 de abril de 1861, se iniciara la guerra.

En un lado se encontraban los estados del Norte (La Unión), y al otro los estados segregados del Sur (La Confederación).

Aquel mismo año, se graduó en la Academia Militar de los Estados Unidos West Point, con la peor puntuación de su clase, el que sería popularmente conocido como el General Custer.

George Armstrong Custer (1839 – 1876)

La guerra comenzó con el ataque del bando confederado sobre Fort Sumter, un fuerte de la Unión que se encontraba en territorio Confederado.

A lo largo de la guerra, el Norte tenía ventaja en la preparación, el equipo y los suministros. Había experimentado un desarrollo industrial significativo y la esclavitud no tenía el sentido que podía tener en el sur, donde la economía era básicamente agraria.

Las batallas causaban numerosas víctimas en ambos lados. Cuando se redactó la cuenta final, más de novecientos mil ciudadanos estadounidenses murieron a causa de la guerra. Gran culpa de esas muertes fue debido a la famosa bala minié que se usó tanto en el norte como en el sur.

Bala minié

El estriado del interior del tubo del cañón hizo que la bala rotara e incrementara su alcance y precisión. La velocidad con la que se cargaba el mosquete era decisiva, para ello, debían meter la pólvora en el cañón seguidamente de la bala que debía ser embutida.

La bala minié estaba hecha con plomo blando y su alcance podía superar los quinientos cincuenta metros.

105

La guerra civil se convirtió en una cuestión emotiva que provocó que la gente luchara con ferocidad para defender sus ideales. Al final, incluso Abraham Lincoln vio como la esclavitud se convirtió el punto central de la guerra.

El 9 de febrero de 1861, se estableció el gobierno de los Estados Confederados de América y tomaron el control de los fuertes establecidos dentro de sus fronteras. Los estados que se separaron de la Unión fueron Carolina del Sur, Florida, Misisipi, Alabama, Georgia, Texas y Luisiana y eligieron como presidente a Jefferson Davis. Meses después, Virginia, Carolina del Norte, Arkansas y Tennessee se unieron a la Confederación. Misuri y Kentucky tenían dos gobiernos debido a su división interna.

Jefferson Davis (1808 – 1889)

En la Unión se encontraban los siguientes estados; California, Delaware, Connecticut, Illinois, Indiana,

Iowa, Kansas, Kentucky, Maine, Maryland, Massachusetts, Míchigan, Minnesota, Misuri, Nou Hampshire, Nova Jersey, Nova York, Ohio, Oregón, Pensilvania, Rhode Island, Vermont, Wisconsin y los nuevos estados como Virginia Occidental y Nevada. Poco después del inicio del conflicto, Luisiana y Tennessee se alinearon en la Unión.

Además, hubo territorios que se decantaron por la Unión como Dakota, Colorado, Nuevo México, Nebraska, Nevada, Utah y Washington.

Al comienzo de la guerra, el norte tenía veintidós millones de habitantes y el sur nueve millones.

El 4 de marzo de 1861, Abraham Lincoln declaró nula toda secesión. En su primer discurso llamó a la paz afirmando que los estados secesionistas habían errado y que el norte y el sur no debían de ser enemigos.

Abraham Lincoln (1809 – 1865).

Decimosexto Presidente de los Estados Unidos, del 4 de marzo de 1861 al 15 de abril de 1865.

Entre el 12 y el 13 de abril de 1861, los estados confederados llevaron a cabo un bombardeo en el Fort Sumter para expulsar a los unionistas de Kentucky. Esta batalla fue uno de los desencadenantes principales de la Guerra de Secesión.

Tras la pérdida de fuertes, el presidente Lincoln ordenó reclutar voluntarios para que formaran tropas y recuperaran los fuertes perdidos. En ese momento, Arkansas, Tennessee, Virginia y Carolina del Norte se unieron a la Confederación.

Uno de los planes utilizados por el ejército de Lincoln fue el de bloquear los puertos para evitar el comercio, sobre todo el del algodón que era la base de la economía del sur.

Cabe destacar la importancia que tuvo el ferrocarril durante la guerra y junto a las vías férreas, la relevancia de los kilómetros de líneas de telégrafo que unían la nación de Este a Oeste.

En 1861, Western Union completó el primer telégrafo transcontinental, se trataba de una línea que conectaba el este de Estados Unidos con California. Con la llegada del telégrafo, servicios de correo como el del Pony Express quedaron obsoletos.

Anuncio de Pony Express

El 21 de julio de 1861, se produjo la primera gran batalla de la guerra civil en Manassas, Virginia. Fue conocida como la Primera Batalla de Bull Run con treinta mil combatientes en cada bando. El ejército de la Unión, encabezado por el oficial Irvin McDowell, no estaba preparado para la batalla y los confederados, a las órdenes de Joseph E. Johnston y Pierre Gustave Toutant de Beauregrad, lograron su victoria obligando a que el ejército de la Unión se retirara hacia Washington DC.

Hubo estados proesclavistas que abandonaron la Unión, para poder evitarlo se aprobó la Resolución de Crittenden-Johnson que aseguraba que la guerra era para mantener la Unión y no para prohibir la esclavitud.

El 17 de julio de 1862, se aprobó la inscripción de norteafricanos en las tropas de la Unión. Un mes después, los confederados volvieron a ganar a las tropas de la Unión en la Segunda Batalla de Bull Run.

El 20 de mayo de 1862, el presidente Lincoln creó la Ley de Asentamientos Rurales. Esta ley daba la titularidad de una propiedad de sesenta y cinco hectáreas a los que la hubieran cultivado durante cinco años siempre que la persona que pretendiese la titularidad no hubiera combatido contra el gobierno de Estados Unidos.

El día más sangriento de la guerra se produjo el 17 de septiembre de 1862, en la batalla de Antietam. La batalla se produjo en el norte, cerca de Sharpsburg, Maryland, y causó veintitrés mil bajas. Durante el conflicto, el general Lee, al frente de los confederados, tuvo que retirarse para evitar ser capturado.

Batalla de Antietam

El 1 de enero de 1863, Lincoln emitió la proclamación de la emancipación, que declaraba que los esclavos de la Confederación quedaban en libertad. A pesar de ello, aún seguía habiendo estados en el norte donde la esclavitud no estaba prohibida.

El 3 de marzo de 1863, se aprobó en el Congreso la primera ley de reclutamiento. En esa ley se estipulaba que los que pudieran pagar una tarifa de trescientos dólares, quedaban exentos de ir a la guerra.

En julio de 1863, John Lawrence Burns, con casi setenta años, cogió su mosquete, el cuerno de pólvora para su carga y cebado, y se dirigió hacia los alrededores del pueblo de Gettysburg. Él sabía que la batalla ya había empezado y no estaba dispuesto a perdérsela como se perdió otras en las que no le dejaron luchar debido a su avanzada edad. Por el camino, se encontró a un soldado de la Unión herido en el suelo. Le preguntó si podía utilizar su rifle ya que era más moderno que el suyo; el soldado se lo dio y Burns fue en busca de algún mando que le pudiera dar instrucciones. Pese a su edad, mandos de la Unión aceptaron que combatiera y enviaron a Burns a una zona del bosque donde era menos probable que pudiera ser alcanzado por una bala.

Se unió a la batalla pero poco a poco, los confederados, al mando del general Robert E. Lee, ganaban terreno y los soldados de la Unión tuvieron que retirarse y dejar a Burns en la línea enemiga. Las balas enemigas alcanzaron a Burns. Estaba herido en el suelo. Antes de que lo localizaran los confederados, logró esconder su arma y la munición que tenía encima. Cuando fue encontrado por soldados, Burns pudo convencerles de que no estaba combatiendo sino que estaba buscando ayuda debido al mal estado de salud de su mujer. Los confederados al ver su avanzada edad se creyeron las explicaciones de Burns y lo trasladaron para curarle las heridas. Durante la noche, Burns logró huir y se dirigió hacia su casa.

Casa de John L. Burns

Personas fallecidas del ejército de la Unión en la batalla de Gettysburg.

Fotografía de T. H. O'Sullivan.

La batalla de Gettysburg duró del 1 al 3 de julio de 1863. Fue la que más bajas causó, aproximadamente cincuenta y tres mil soldados perdieron la vida durante la batalla.

El 3 de julio de 1863, el bando de la Unión derrotó al general Lee que tuvo que huir junto a sus tropas.

John Burns recuperándose de las heridas

La fotografía de John Burns fue realizada por Timothy H. O'Sullivan, fotógrafo norteamericano.

O'Sullivan fotografió campos de batalla de la guerra civil y enseñó al mundo las trágicas consecuencias de la guerra.

En julio de 1863, las tropas que combatieron en Gettysburg fueron enviadas a la ciudad de Nueva York a causa de unos disturbios producidos a raíz de la proclamación de la emancipación de los esclavos. Muchos obreros no aceptaban la idea de que la guerra se centrara en la abolición de la esclavitud y no en la preservación de la Unión y temían que la liberación de esclavos causara más competencia en el trabajo y salarios más bajos.

Hubo tres días de enfrentamientos y protestas violentas, sobre todo, contra ciudadanos negros y periódicos republicanos.

Ese mismo año, Lincoln ofreció la amnistía para aquellos soldados confederados que prometieran lealtad a la Unión. En 1864 fue reelegido como presidente con una escasa mayoría del voto popular.

En 1864, Grant fue nombrado comandante de todos los ejércitos de la Unión, en aquel momento, todos los recursos que disponía la Unión se utilizaron para acabar con el ejército confederado.

El presidente Lincoln dijo una vez: «Me gustaría saber que marca de *whisky* bebe el General Grant, así mandaría un barril de esa marca a cada uno de mis generales».

En tiempos de guerra el alcohol era muy habitual, ya fuera para soldados como para los mandos militares. El *whisky* favorito de Grant fue el de la marca Old Crow.

En Petersburg, hubo una guerra de trincheras entre los dos bandos que duró nueve meses.

En abril de 1865, Lee tuvo que irse de Petersburg ya que las tropas de la Unión iban venciendo. Finalmente, el 9 de abril de 1865, Lee se dio por vencido y rindió su ejército en el juzgado de Appomattox.

General Lee y su caballo Traveller

Al general Lee, se le permitió que continuara con la posesión de su caballo Traveller.

William Clarke Quantrill fue jefe de una de las bandas de guerrillas proconfederadas. Una de las atrocidades más espantosas que cometió fue durante la Batalla de Lawrence, el 21 de agosto de 1863. Quantrill se dirigió hacia la ciudad de Lawrence con más de doscientos jinetes, al llegar masacraron aproximadamente doscientos hombres y niños e incendiaron la ciudad. Días después, la banda tuvo que huir hacia Texas. Allí la banda se fragmentó en varias unidades.

William Clarke Quantrill (1837 – 1865).

Quantrill murió a causa de una herida de bala a los 27 años.

Al fragmentarse la banda de Quantrill, William T. Anderson, conocido más popularmente como Bill el Sangriento, tomó el mando de una nueva guerrilla proconfederada que acabó siendo la más mortal de la guerra civil.

Fue conocido por su brutalidad hacia los soldados de la Unión y sus partidarios. Anderson solía llevar las cabelleras de sus enemigos atadas a su silla de montar.

William T Anderson (1840 – 1864)

Anderson murió el 26 de octubre de 1864, durante una batalla con un grupo de soldados de la Unión. Anderson fue alcanzado por una bala detrás de una oreja. Los soldados, cuando identificaron a Anderson, exhibieron su cuerpo por la ciudad de Richmond, Misuri.

William T Anderson horas después de su muerte

El último enfrentamiento armado de la guerra se produjo entre el 12 y el 13 de mayo de 1865, en las orillas del Río Bravo, Texas, y fue conocido como la batalla de Palmito Ranch. Se cree que el último hombre muerto durante la guerra civil en esta batalla fue John J. Williams.

John Jefferson Williams (1964 – 1865)

Los problemas entre soldados confederados y soldados de la unión no acabaron durante la posguerra.

El soldado de la Unión, Asa Harmon McCoy, murió asesinado, mientras regresaba de la guerra en 1865, por un grupo de milicianos confederados llamados «Los Logan Wildcats». Este hecho originó un conflicto que muchas familias estadounidenses sufrieron. En este caso lo padecieron las familias McCoy y Hatfield de Kentucky y Virginia Occidental respectivamente.

El primer sospechoso del asesinato fue el líder de la familia Hatfield, William Anderson «Devil Anse» Hatfield. Se pudo confirmar que el líder de los Hatfield no pudo haber cometido el crimen porque en el momento de los hechos se encontraba enfermo. Todas las hipótesis sobre quién fue el asesino apuntaban a su tío Jim Vance. Aunque estaba bastante claro que Jim fue quién cometió el asesinato, el caso perdió interés y no fue declarado culpable.

La segunda disputa entre ambas familias ocurrió trece años después, cuando la posesión de un cerdo, supuestamente propiedad de Floyd Hatfield, fue reclamada por el líder del otro clan, Randolph McCoy. El litigio por la propiedad del porcino lo juzgó un primo del líder de la familia Hatfield, el juez Anderson Hatfield, quién falló a favor de su familia gracias al testimonio de Bill Staton. Dos años después, Bill Staton fue asesinado por los hermanos Sam y Paris McCoy. A pesar del asesinato, en el juicio quedaron absueltos alegando que los hechos ocurrieron haciendo uso de la legítima defensa.

La relación entre ambas familias empeoró cuando Jonce Hatfield comenzó una relación sentimental con Roseanna McCoy. Debido a la desaprobación de la relación por parte de los McCoy, Roseanna estuvo viviendo con los Hatfield hasta que decidieron finalizar su historia de amor. Roseanna se quedó embarazada pero, a pesar de ello, Jonce no se quiso casar con ella, hecho que hizo que los McCoy se enfurecieran. Un día, Jonce se dirigía hacia Kentucky cuando fue capturado por los McCoy. Estos le acusaron de realizar contrabando de bebidas alcohólicas. Roseanna, aún enamorada, fue en busca de los Hatfield e informó de lo ocurrido. El clan Hatlfield se dirigió en busca de Jonce. Los Hatfield pudieron rescatarlo y evitaron que fuera juzgado en un tribunal de Kentucky. A partir de ese momento, todo se calmó relativamente, pero un día de elecciones de 1882, durante una pelea, Ellison Hatfield, hermano de «Devil Anse», fue asesinado a causa de veintisiete puñaladas y un disparo. Todo empezó el día de las elecciones en el que familiares de ambas familias postulaban para un cargo político. Los miembros de las dos familias acordaron dejar sus diferencias atrás y trabajar para la elección de su familiar. Pero antes de que el día terminara, Talbot McCoy y Elías Hatfield se involucraron en la pelea. Al principio no se le dio mucha importancia pero Talbot tiró a Elías y lo golpeó severamente. Ellison Hatfield apareció en la escena, así como varios miembros de la familia McCoy que se abalanzaron sobre él clavándole, una y otra vez, un cuchillo en su cuerpo. Cuando finalizó la pelea nadie había muerto pero las lesiones producidas a Ellison resultaron fatales. Ellison Hatfield había recibido veintisiete puñaladas además de un disparo. Talbot, Randolph y Farmer McCoy fueron arrestados y conducidos hacia la prisión del condado de Pikeville por el ayudante del *sheriff*. Pero el clan Hatfield, reunió a setenta personas y pudieron capturar a los tres McCoys. Fueron llevados a través del río hacia el lado de Virginia Occidental. Allí, esperaron el resultado de las heridas de Ellison Hatfield para ver que hacían con los prisioneros. Cuando Ellison murió, se notificó a los McCoy que los tres miembros de su familia iban a morir. A la mañana siguiente, ataron a los tres McCoy, los llevaron al bosque y los obligaron a que se arrodillaran al borde del río. Al oír la orden, una docena de disparos acabaron con la vida de Talbot y Parmer McCoy. Randolph «Bud» McCoy tenía trece años pero como había sido testigo del asesinato decidieron que debía de morir también. Los Hatfield tenían planeado matar al patriarca Randolph McCoy.

En 1885, el gobernador de Kentucky puso precio por la captura de «Devil Anse» Hatfield y de su hermano «Cap». Solicitó al gobernador de West Virginia que los entregara. En un principio, el gobernador de Virginia se negó, pero a finales de 1887, los funcionarios de ambos estados se unieron en un esfuerzo por reprimir la sangrienta disputa entre ambas familias.

Tres miembros de la banda de los Hatfield fueron capturados y enviados a la prisión del estado.

El hecho de que los McCoy se unieran a los oficiales despertó la ira de los Hatfield hasta tal punto que planearon una redada durante la noche de Año Nuevo de 1888.

El líder «Devil Anse» no pudo ir puesto que padecía pleuritis, enfermedad en la que se inflama la pleura y causa un dolor agudo en el pecho que se intensifica durante la respiración.

Nueve de los Hatfield, dirigidos por el tío Jim Vance, llegaron a la casa de Randolph McCoy. Dos chicas McCoy estaban en un extremo de la casa. Allaphare McCoy abrió la puerta de la casa cuando la pandilla exigió entrar. Allaphare fue inmediatamente asesinada por Ellison «Cotton Top» Mounts. La señora McCoy salió por la puerta para ir a ver a su hija muerta, cuando Jim Vance se acercó y le rompió dos costillas con la culata de su arma y la aturdió con un golpe de su pistola. Calvin McCoy fue asesinado en el intercambio de disparos y Randolph McCoy escapó.

A partir de aquel momento, las disputas se mantuvieron pero no con tanta intensidad debido a que la búsqueda persistente de los Hatfield, por parte de las autoridades, los condujo a que se escondieran en las montañas. Los enfrentamientos se iban produciendo aunque en menor medida.

Jim Vance fue asesinado en enero de 1888. La ofensiva de los Hatfield se dio en la Batalla del Grapenive Creek, en la que ambas familias se enfrentaron. En esa batalla los Hatfield fueron derrotados.

Al frente de los McCoy se encontraba Franklin Philips «Bad Frank», que en 1887 había sido nombrado ayudante del *sheriff*, en el condado de Pike, Kentucky.

Los McCoy rodearon a los Hatfield y les obligaron a retirarse. Durante la contienda, los McCoy capturaron a varios miembros del clan rival, entre ellos, Ellison

«Cotton Top» Hatfield, que fue el único condenado a muerte acusado de haber matado a la hija del líder de los McCoy.

Los Hatfield prácticamente desaparecieron pero se mantuvieron disputas entre ambas familias.

En el año 1896, la situación mejoró con la boda de Aaron Hatfield, sobrino del viejo «Cap» Hatfield y Mary McCoy, hija del jefe de la familia, Randolph McCoy.

El punto de reconciliación formal lo encontramos en el año 2003, representantes de ambas familias, Reo Hatfield, Bo McCoy y Ron McCoy, decidieron firmar una tregua en un documento oficial donde declaraban formalmente el final de todas las hostilidades.

Clan Hatfield

Reconstrucción

Entre 1865 y 1877 se produjo el periodo de la reconstrucción donde los Estados Unidos se dedicaron a resolver los problemas que habían quedado pendientes tras el final de la guerra civil. Este periodo estuvo marcado por conflictos políticos y la corrupción.

La ambición de Abraham Lincoln fue la de fusionar de nuevo la Unión sin utilizar la fuerza ni la represión.

Este fue parte de su discurso en su segunda toma de posesión: «Sin mala voluntad para nadie, con caridad para todos, con firmeza en lo que sea justo y, hasta donde Dios nos permita ver la justicia, pugnemos por concluir la obra que hemos iniciado a fin de restañar las heridas de la nación, atender al que ha llevado el peso de la batalla y velar por la viuda y los huérfanos, con miras a hacer todo lo posible para gozar de una paz justa y duradera entre nosotros mismos y con todas las naciones».

La noche del 14 de abril de 1865, Lincoln y su mujer asistieron a la obra Our American Cousin del teatro Ford de la ciudad de Washington. Aquella noche, John Wilkes Booth se acercó por detrás y disparó un tiro en la cabeza del presidente al grito de «Sic Semper tyrannis» (así siempre a los tiranos).

Lincoln murió horas más tarde. Su cuerpo fue llevado por tren atravesando varios estados en una marcha fúnebre.

El 18 de diciembre de 1865, se ratificó la Decimotercera Enmienda cuya principal idea fue la abolición de la esclavitud.

Ese mismo año, seis exconfederados crearon en Pulaski, una localidad de Tennessee, el Ku Klux Klan. Estas organizaciones promovían la supremacía de la raza blanca además de combatir a los católicos romanos.

En 1867, el Congreso dividió la región en cinco distritos militares dirigidos por generales de la Unión. Podían rechazar el gobierno militar por un gobierno civil si ratificaran la Decimocuarta Enmienda referente a la protección igualitaria de las personas.

En 1868, gran parte de los estados exconfederados ya habían sido admitidos en la Unión por el Congreso.

En 1870, se ratificó la Decimoquinta Enmienda: «ni Estados Unidos ni ningún estado de la Unión podrá negar o coartar el derecho de los ciudadanos estadounidenses al sufragio por razón de raza, color o condición previa de servidumbre».

Durante todo el proceso de reconstrucción, los problemas del sur no se habían podido resolver con leyes severas hacia los exconfederados, esto llevó a que, en mayo de 1872, el Congreso aprobara una ley de Amnistía que restituía los derechos políticos de los exconfederados exceptuando a algunos de ellos.

Otro problema asoló medio oeste norteamericano en 1874. El 20 de julio de aquel año, una «maldición divina» invadió las montañas rocosas. Doce billones de ejemplares arrasaron una extensión de 2.900 kilómetros de largo y 180 kilómetros de ancho. Desde Canadá hasta Texas y desde California hasta Misuri, la langosta terminó con toda la materia comestible que encontraba en su paso. Llegaron a morder a bebés y a personas con poca movilidad. La gente intentó acabar con ellas disparándolas, quemándolas. Incluso recurrieron al uso de la dinamita pero fue ineficaz. El ejército se tuvo que movilizar pero tampoco lograron acabar con la plaga. Cuatro años más tarde la plaga se iba reduciendo hasta quedar extinta en el año 1902.

145

A finales del siglo XIX, aún existía discriminación racial contra los afroamericanos, esta discriminación se podía observar en la segregación en las escuelas públicas o con la prohibición de acceso en muchos lugares.

Muchos exconfederados se convirtieron en famosos forajidos como el popular Jesse James. En un principio lucharon contra el patrimonio y los soldados de la Unión. Debido a estos actos de rebeldía, Ulises S. Grant, el general que lideró el ejército de la Unión hasta la victoria y el decimoctavo presidente de los Estados Unidos, tuvo que reforzar el sur utilizando la ley marcial.

Ulysses S. Grant (1822 – 1885)

El final de la guerra abrió paso al periodo del Salvaje Oeste que tuvo lugar entre el año 1865 al 1895. Este periodo de treinta años fue famoso por sus *cowboys*, pioneros, amerindios, exploradores o forajidos.

Personas como Wyatt Earp, Billy el niño, Clay Allison, Frank y Jesse James, los Dalton o «Wild Bill» Hickok formaron parte de su historia.

149

James Butler Hickok fue considerado un hombre astuto, honorable e impertérrito. Durante su vida mató a muchos hombres pero siempre en defensa propia o, según pensaba él, de manera justificable. Su simple presencia fue suficiente para apaciguar a muchos delincuentes.

Hickok nació el 27 de mayo de 1837, en Homer, actual Troy Grove de Illinois. Se crio en una granja junto a sus tres hermanos, sus dos hermanas y sus padres, el señor William Alonzo y la señora Polly Butler Hickok.

Hickok (1837 – 1876)

En 1855, Hickok se unió a las fuerzas antiesclavistas del general James Lane en el estado de Kansas. Tres años después fue elegido alguacil en el municipio de

Monticello, en el noreste del condado de Johnson, Kansas.

Durante la guerra civil, Hickok hizo sus méritos trabajando como espía y explorador para la Unión. Trabajando como explorador coincidió con Bufallo Bill.

Wild Bill, Texas Jack Omohundro y Buffalo Bill

El nacimiento de la leyenda sobre Hickok tuvo lugar en julio de 1861, en la Masacre de McCandlas en Rock Creek, Nebraska. Hay diversas historias, probablemente sesgadas, sobre la ocurrida en aquella ciudad. La siguiente historia fue contada por el escritor J. W. Buel y tuvo lugar en 1861, en las ciudades de Rock Creek, Marysville y Manhatan, donde la banda de Jim y Jack McCandlas campaba a sus anchas. La banda se dedicaba al robo, al asesinato y a la recaudación de todo tipo de impuestos. Por aquella época, ya habían matado a más de una veintena de personas y eran tan peligrosos que ningún agente de la ley se había atrevido a hacerles frente.

En 1861, la banda estableció una compañía para el servicio confederado a unos trece kilómetros de Rock Creek.

Un día de julio de 1861, Jim McCandlas y cuatro de sus hombres entraron en la estación de Rock Creek. Allí, Jim McCandlas intentó soliviantar a Hickok para que se uniera a sus hombres en la lucha con los confederados, además exigió que le entregara todos sus caballos y que los tuviera preparados porque iría a su casa a buscarlos. Hickok respondió que si tenía que pelear lo haría del lado de la Unión y McCandlas amenazó con matarlo.

—Cuando lo intentes, habrá un hijo de puta menos. —respondió Hickok.

Durante el día, los hermanos McCandlas y otros ocho hombres se dirigieron hacia la casa de Hickok. Una vez allí, le dijeron que saliera y entregara los caballos. Hickok, desde el interior, se negó y la banda comenzó a golpear la puerta de entrada hasta que pudieron abrirla.

Una vez abierta, la banda entró y Hickok comenzó a disparar. Utilizó su viejo fusil y el primero en morir fue el líder Jim McCandlas. Hickok cogió su revólver y abatió a los tres hombres que iban detrás de Jim. Los otros seis hombres restantes se abalanzaron sobre Hickok y lo tiraron sobre la mesa. Hickok pudo derribar a dos de ellos. Jack McCandlas sacó una enorme daga y saltó sobre él para intentar clavársela, pero Hickok pudo coger su pistola y dispararle en el corazón. Solo quedaban cuatro hombres que intentaron huir inmediatamente pero dos de ellos no lo lograron debido a las heridas que tenían. En ese momento llegó Doc. Mills, un amigo de Hickok.

Hickok había recibido siete disparos, tenía cortes en su cuerpo y una fractura en la cabeza. Su amigo Doc. Mills le llevó a su casa y pidió ayuda. Un cirujano de Manhattan y una vecina, la anciana Watkins, ayudaron a que Hickok se recuperara. Era muy probable que Hickok no sobreviviera debido a la gravedad de las heridas pero a los seis meses pudo salir de su casa y antes de un año estaba completamente recuperado.

Esta historia, probablemente exagerada por periódicos de la zona, hizo que la fama y popularidad sobre Hickok creciera hasta convertirse en leyenda.

El 24 de julio de 1865, el ya conocido con el nombre de «Wild Bill» Hickok, mató al exconfederado Davis Tutt en el que es considerado el primer duelo de la historia.

Tiroteo de Hickok publicado en la revista Harper's

En 1871, Hickok se convirtió en *marshall* de la peligrosa ciudad de Abilene. Allí conoció al famoso y temible forajido John Wesley Hardin.

Durante su estancia en Abilene, Hickok se ganó un enemigo, «Phil» Coe, el dueño del *saloon* Bull's Head.

Coe tenía animadversión hacia Hickok y juró matarlo. Para llevar a cabo el asesinato, Coe invitó a *whisky* a un grupo de vaqueros para que ellos pudieran hacer el trabajo sucio por él. Cuando Hickok se enteró de los planes de Coe, fue a buscarlo y lo encañonó con su arma.

Hay varias versiones, algunas de ellas apócrifas, de lo que sucedió posteriormente. Una de ellas cuenta como Hickok estaba apuntando a Coe con sus armas. De repente, escuchó que alguien se acercaba por detrás, se giró y disparó. Sin querer había matado a un agente de la ley que se había acercado a ayudarle. Hickok, después de matar al agente de la ley, se giró y mató a «Phil Coe».

—¿Alguno quiere el resto de las balas? —preguntó Hickok tras matar a Coe.

Nadie respondió a su pregunta.

Corría el año 1871 cuando Hickok conoció a Agnes Thatcher Lake, una mujer que trabajaba en un circo ambulante. Todo el mundo la describía como una mujer extraordinaria; excelente amazona, funambulista o domadora de leones fueron algunas de sus habilidades. Era la viuda de Bill Lake, quién murió asesinado en 1869.

Agnes y Hickok se conocieron, se enamoraron y se casaron el 5 de marzo de 1876. Después de la luna de miel, Hickok se trasladó al oeste, hacia la población de Deadwood. El trayecto lo realizó con su fiel amigo Charles H. Utter. Allí esperaban encontrar fortuna y Hickok anhelaba poder traer a su mujer para que pudiera vivir con él. Desde Deadwood se cartearon y en una de sus últimas cartas, Hickok le escribió sobre la probabilidad de que pudiera morir en aquella población.

Hickok era muy aficionado a los juegos de cartas. El 2 de agosto de 1876, estaba jugando a las cartas en el Nuttal & Mann's Saloon. Hickok rara vez se sentaba dando la espalda a la puerta del *saloon* pero aquel día así lo hizo. Durante la partida de cartas, un hombre, llamado Jack McCall, entró y le disparó en la parte posterior de la cabeza.

Hickok murió mientras jugaba a cartas. La leyenda cuenta que en su mano tenía cinco cartas; dos pares de ases negros y dos pares de ochos negros. No se sabe con certeza que carta era la quinta.

Los hermanos Steve y Charlie Utter en la tumba de

Hickok

Aparentemente, el asesinato fue debido a que Hickok le ofreció dinero a McCall después de que este perdiera todo su dinero jugando al póker. A McCall no le sentó muy bien la ayuda que le ofreció y decidió vengarse.

Jack McCall (1852/53 – 1877)

McCall fue juzgado y quedó en libertad diciendo que había matado a Hickok porque este había matado a su hermano durante su estancia en Abilene. Pero el juicio se celebró en Deadwood, una ciudad en territorio indio sin un tribunal legalmente constituido. Cuando McCall viajó al estado de Wyoming fue arrestado, juzgado y sentenciado a la horca por un tribunal de Yankton, Dakota.

Quién afirmó conocer muy bien a Hickok e incluso afirmó haber estado casada y haber tenido un hijo con él fue la famosa exploradora Martha Jane Canary-Burke mejor conocida como «Calamity» Jane.

Calamity Jane (1852 – 1903)

Martha Jane nació el 1 de mayo de 1852, en Princeton, en el condado de Mercer, Misuri. Tenía dos hermanos y tres hermanas y ella era la mayor de seis. Calamity perdió a su madre en 1866 y a su padre en 1867. Desde entonces se puso al frente de su familia y se los llevó a Piedmont Wyoming. Allí ejerció muchos trabajos para poder mantener a su familia. El apodo lo adquirió supuestamente durante una batalla contra los nativos americanos, o al menos es lo que explicó ella en una autobiografía que hizo que le realizaran.

Años más tarde perdió el contacto con su familia y, en 1876, se estableció en la población de Deadwood. Allí supuestamente entabló una amistad con «Will Bill» Hickok.

Calamity Jane

El final de su vida lo pasó realizando espectáculos del Salvaje Oeste hasta que, el 1 de mayo de 1903, murió de neumonía a la edad de 47 años.

Ferrocarril

Las vías férreas fueron determinantes para la expansión de los Estados Unidos.

Durante la guerra civil, el presidente Lincoln aprobó una ley por la que se autorizaba la construcción del primer ferrocarril transcontinental de Estados Unidos.

Dos empresas encabezaron aquel proyecto, por un lado estaba la empresa Central Pacific, que inició la construcción en el año 1863 desde Sacramento, California, hacia el este y por otro lado, la Union Pacific, que comenzó su construcción en 1865 desde Omaha, Nebraska, hacia el oeste.

El oficial del ejército de la Unión, Grenville Melle Dodge, se convirtió en ingeniero jefe de Union Pacific y trazó la ruta del ferrocarril desde Ohama, a través del Valle Platte, por las Montañas Rocosas hasta el lago Great Salt en el estado de Utah.

Grenville M. Dodge (1831 – 1913)

El ferroviario ingeniero jefe Theodore Dehone Judah
creó la ruta para Central Pacific desde San Francisco.

T.D. Judah (1826 – 1863)

En 1863, comenzó el trabajo de Central Pacific. Las montañas de Sierra Nevada fueron el mayor obstáculo al que se enfrentaron todas aquellas personas que participaron en la construcción del ferrocarril.

En 1865, en las Grandes Llanuras, empezó el trabajo de Union Pacific.

El coste de la construcción del ferrocarril fue tan elevado que el gobierno no dispuso de capital suficiente así que tuvo que realizar parte del pago con terrenos.

A las empresas de construcción del ferrocarril se les pagaba por metros. Hubo empresas encargadas de la construcción del ferrocarril que desviaban el camino haciéndolo más largo para poder obtener más dinero. Las faenas más peligrosas, como el uso de la nitroglicerina, a menudo las realizaron los chinos, más de mil murieron mientras trabajaban. Los asiáticos fueron los trabajadores peor pagados. Aparte de en la expansión del ferrocarril o el trabajo en la mina, trabajaron en muchas de las lavanderías de los pueblos mineros.

Asiáticos trabajando en la expansión del ferrocarril

En 1887, el vigésimo segundo presidente de los Estados Unidos, Grover Cleveland, firmó la Ley de Comercio Interestatal. Esta ley creó la Comisión Interestatal de Comercio cuyo propósito fue que hubiera una regulación en el sector de los ferrocarriles para que el precio de estos fuera justo y no hubiera discriminación.

Stephen Grover Cleveland (1837 – 1908)

Vigesimosegundo Presidente de los Estados Unidos de América, del 4 de marzo de 1801 al 4 de marzo de 1809.

Pueblos nativos

El ferrocarril transcontinental provocó una gran migración. El viaje de seis meses realizado con caravanas de carretas había sido sustituido por los convoyes que en tan solo seis días realizaban el trayecto.

Pero el Oeste no estaba inhabitado, aproximadamente trescientos mil nativos americanos vivían en él. Entre ellos, Tasunka Witko, el jefe de los Sioux Oglala. Él dirigió a su pueblo hacia la guerra contra aquellos que les querían quitar sus tierras. Tasunka fue popularmente conocido con el nombre de Caballo Loco. El jefe Caballo Loco se unió a otros jefes de tribus indígenas como Toro Sentado o Nube Roja para poder derrotar a los invasores estadounidenses.

En 1866, un millar de soldados del ejército de los Estados Unidos llegaron a tierras Sioux. Cien de aquellos soldados fueron masacrados a manos de los Sioux liderados por Caballo Loco en la denominada Masacre de Fetterman.

Para poner remedio al conflicto contra los indios, se recurrió a la pericia y habilidades del Teniente Coronel George Armstrong Custer al que pusieron al mando del Séptimo Regimiento de Caballería.

Miembros del Séptimo Regimiento de Caballería

Custer había sido sancionado y le habían quitado el rango de general durante un año por maltratar a soldados. Sin embargo, fue reincorporado para liderar la guerra contra los nativos americanos.

En noviembre de 1868, Custer encontró una aldea de la tribu Cheyenne, en el río Washita. El líder de la tribu de los cheyennes era Black Kettle. Años atrás, en 1863, Black Kettle se había dirigido a Washington D.C. y había recibido una bandera estadounidense en señal de paz.

Se cree que cuando Black Kettle vio al Séptimo de Caballería sostuvo una bandera estadounidense, una bandera blanca y se dirigió hacia las tropas en señal de amistad. Pero Custer decidió atacar a la tribu y como resultado murieron más de un centenar de cheyennes. La batalla fue conocida como la masacre de Washita.

Black Kettle (1803 – 1868)

El presidente Grant encontró la solución para evitar la guerra con las tribus indígenas en los tratados de paz y la reubicación de las tribus hacia reservas, lugar donde podían habitar sin que se pudiera interferir en su vida. Muchos accedieron a la vida en la reserva, sin embargo, hubo otros como Caballo Loco que no estaban de acuerdo y continuaron con la resistencia. Este hecho llamó la atención de otro gran líder de la tribu de los Sioux, Toro sentado.

Durante el viaje en ferrocarril, los pioneros o los colonos destruían la principal fuente de alimento de las tribus nativas, el bisonte. Durante el trayecto, se permitía darles caza disparándoles desde la ventanilla del convoy. A mediados del siglo XIX, los bisontes estaban al borde de la extinción.

Las tensiones entre colonos y tribus nativas fueron en aumento cuando los primeros se asentaban en las tierras y decidían construir sus hogares.

En 1868, surge el Tratado de Fort Laramie que garantizaba a las tribus Lakota la propiedad de las Colinas Negras de Dakota del Sur y Wyoming así como los derechos de caza y la protección sobre la propiedad.

En la década de 1870, los colonos habían ocupado la mayor parte de los territorios del oeste pero de las aproximadamente mil tribus indias que poblaban Norteamérica, todas no estaban dispuestas a firmar los tratados de paz con los colonos. Muchas de ellas, como la tribu de Toro Sentado o la de Caballo Loco, estaban dispuestas a pelear para que no les arrebataran su forma de vida.

La caballería quería desplazar a las tribus hacia las reservas. Una de las técnicas utilizadas para expulsar a las tribus fue la de prender fuego a los campamentos y obligarles así a que abandonaran las zonas donde vivían.

En 1874, el General Custer descubrió oro en las Colinas Negras, numerosos buscadores de oro se dirigieron hacia el lugar atravesando e invadiendo territorios de los nativos americanos e incumpliendo el Tratado de Fort Laramie.

Las guerras entre amerindios y colonos continuaron. Una de las guerras más famosas fue la Gran Guerra Sioux. Esta guerra se inició en 1876 y en ella, Caballo Loco llegó a liderar a mil quinientos amerindios de las tribus Lakota y Cheyenne.

Caballo Loco también participó, junto Toro Sentado o el jefe Cheyenne Dos Lunas, en una de las batallas más relevantes del siglo XIX, la Batalla de Little Bighorn. El asentamiento estaba en el río Little Bighorn, en el territorio del sur de Montana.

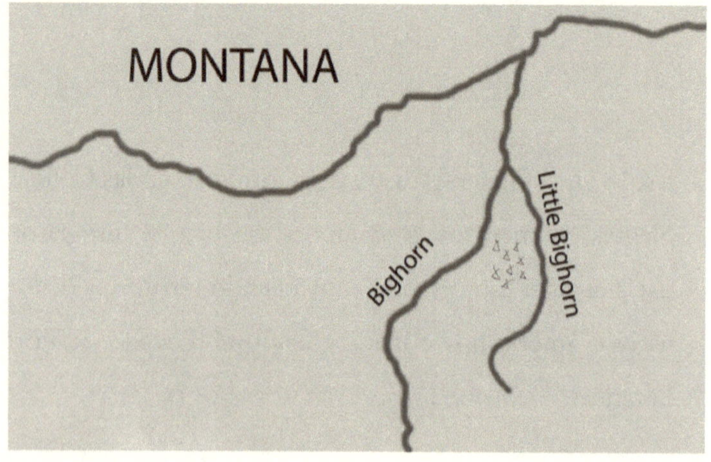

El 25 de junio de 1876, los amerindios ya estaban unidos para la guerra y habían conseguido juntar al ejército más grande hasta el momento, más de dos mil guerreros de algunas tribus como la Lakota, la Cheyenne o la Arapahoe, estaban dispuestas a plantarle cara al hombre blanco. A pesar del gran número de nativos, Custer dividió a su ejército en tres columnas y empezó el ataque. Al mediodía, Custer envió al capitán Frederick Benteen con un centenar de hombres en busca de más tribus. A las 15.00 horas, el mayor Reno se dirigió hacia el sur con casi dos cientos soldados y Custer se dirigió hacia el norte para continuar con el ataque. Al llegar, la caballería se topó con siete mil personas, al menos, dos mil de ellas, guerreros dispuestos a combatir. El mayor Reno ya había sido derrotado pero Custer aún no lo sabía. Al ver la gran cantidad de nativos, Custer envió al soldado Giovanni Crisostomo Martini en busca de más hombres y armas.

Dos días después de que saliera el soldado Crisostomo llegaron los refuerzos. Al llegar se encontraron a todos los soldados mutilados.

Batalla de Little Bighorn

El periódico «The New York Times» escribió: «El 25 de junio, el regimiento del General Custer llegó al campamento principal de Toro Sentado y lo atacó de inmediato, cargando la parte más gruesa con cinco compañías y, el Mayor Reno, con siete compañías atacando por el otro lado. Los soldados fueron rechazados y se produjo una masacre catastrófica. El General Custer, su hermano, su sobrino y su cuñado fueron asesinados, y ninguno de sus destacamentos escapó. Los indios rodearon al Comandante Reno y los mantuvieron en las colinas durante todo un día, pero a la llegada del Comandante Gibbon, los indios se marcharon. El número de muertos se establece en trescientos y de heridos en treinta y uno. Se dice que doscientos siete hombres fueron enterrados en el lugar. La lista de asesinados incluye diecisiete oficiales comisionados».

Después de la masacre, las críticas hacia Custer no tardaron en llegar. Periódicos, el ejército e incluso el presidente Grant, concluyeron que Custer podía haber evitado la masacre. Todos exceptuando a Elizabeth Custer. Elizabeth o Libbie se casó con el general en 1864. Cuando el general murió, fue su mayor defensora. Escribió libros y dio conferencias para glorificar a su difunto marido. Gracias a su labor, lo que fue una masacre se convirtió en un glorioso sacrificio.

Libbie y George Custer

En 1877, las tribus Sioux fueron aceptando los tratados de paz que les había propuesto el gobierno de los Estados Unidos. Ni el sioux Caballo Loco ni el cheyenne Dos Lunas estaban dispuestos a que les arrebataran su forma de vida. Pero el 8 de enero de 1877, tuvo lugar su última gran batalla contra la Caballería de los Estados Unidos, la llamada Batalla de la Montaña del Lobo, en el territorio de Montana.

Víctor Navas

Batalla de la Montaña del Lobo

El ejército tenía acorralado en las montañas a las tribus nativas. Sin nada que comer y tras un invierno demoledor los jefes indios decidieron rendirse para poder proteger a su pueblo. Caballo Loco se dirigió hacia Fort Robinson, en Nebraska, para ofrecer su capitulación. Una vez firmada la rendición, condujo a su pueblo hacia la reserva donde se encontraba su antiguo amigo Nube Roja.

Ya había pasado tiempo desde que el guerrero No Agua disparara en la cara de Caballo Loco. El motivo fue porque No Agua encontró a Caballo Loco con su mujer Mujer Búfalo Negro. Mujer Búfalo Negro era la sobrina de Nube Roja y durante la adolescencia mantuvo un romance con Caballo Loco pero Nube Roja quiso que su sobrina se casara con No Agua.

Nube Roja (1822 – 1909)

A Nube Roja no le hacía gracia que Caballo Loco estuviera en el campamento, era de los mejores guerreros y eso podría hacerle perder poder, así que empezó a conspirar contra él.

Debido a las conspiraciones, el 5 de septiembre de 1877, Caballo Loco tuvo que ir a dar explicaciones a Fort Robinson por una serie de infundios. Una vez allí, le arrestaron pero él se opuso e intentó huir. Durante la huida, una bayoneta, empuñada por uno de los guardias, apuñaló a Caballo Loco que acabó muriendo antes de medianoche.

La imagen de Caballo Loco puede encontrarse en las Colinas Negras.

El líder Cheyenne Dos Lunas murió a los 70 años de edad.

Nube Roja murió el 10 de diciembre de 1909, a los 87 años de edad, en la reserva Pine Ridge.

Toro Sentado (1831 – 1890). El 19 de julio de 1881,
Toro Sentado presentó su rendición en Fort Buford.

Años más tarde formó parte del espectáculo de Buffalo
Bill.

Toro Sentado y Buffalo Bill

En 1890, en la reserva de Toro Sentado se había popularizado la Danza de los Espíritus. Esta danza profetizaba el retorno de las antiguas costumbres nativas así como la recuperación de sus tierras. Culparon a Toro Sentado de aquel ritual y acabó asesinado a manos de lakotas el 15 de diciembre de 1890, a los 59 años.

En 1886, casi treinta años después desde que el ejército matara a su madre, a su esposa y a sus tres hijos, el jefe Gerónimo estaba siendo buscado por cinco mil soldados. Se había ofrecido una recompensa de dos mil dólares por su captura. El 4 de septiembre de 1886, le localizaron y se entregó al General Nelson Miles. A pesar que el vigésimo segundo presidente de los Estados Unidos, Stephen Grover Clevelan, propuso que le ahorcaran, fue trasladado hacia la prisión de Fronteras en la ciudad de Sonora, California. Cuando cumplió la condena, le trasladaron hacia una reserva india en el estado de Oklahoma.

El día de la captura de Gerónimo es considerado como el final de las guerras apaches.

Gerónimo (1821 – 1909)

Ganadería y agricultura

La agricultura siguió siendo la principal ocupación de los Estados Unidos. El número de granjas se triplicó entre 1860 y 1910, pasando de dos a seis millones. El trabajo cada vez era menos costoso, y cada vez había más herramientas útiles que facilitaban el trabajo de los agricultores.

En 1840, Cyrus McCormick inventó la cosechadora que reemplazó a la hoz, a la guadaña y facilitó el tallo del pasto.

Cosechadora de Cyrus McCormick

El 25 de junio de 1867, Lucien B. Smith de Kent, patentó un invento innovador, el alambre de púas. Aquel invento revolucionó la cría de ganado por las praderas y ayudó a que las tierras quedaran delimitadas para evitar así posibles litigios. Comenzó una de las actividades económicas más importantes de la época, la ganadería.

Al finalizar la guerra, en el este, había una gran demanda de carne de res, hasta tal punto que prácticamente se había agotado. Sin embargo, territorios como el de Texas disponía de una gran oferta a buen precio por lo que muchos rancheros contrataron *cowboys* para la conducción del ganado hacia el este.

En Texas, el ganado procedente de España llamado *longhorn* (Cuerno Largo), o *texas longhorn*, se había multiplicado durante la guerra y se podían contar por millones, su precio rondaba los cuatro dólares por cada res. Su valor se multiplicaba por diez en lugares donde había mucha demanda como en la ciudad de New York.

Ganado *longhorn*

Los ganaderos de Texas normalmente contrataban a un jefe y aproximadamente treinta *cowboys* para que condujeran el ganado hacia esas ciudades del Este. Los *cowboys* solían ir montados en sus caballos unas doce horas. Durante la noche hacían guardia para que no les robaran el ganado.

Uno de los ganaderos más famosos de Texas fue Charles Goodnight. Nació en Illinois y en 1846 se mudó a Texas. En 1857, se unió a los Rangers de Texas y en la guerra civil americana luchó en el bando de los Confederados. Al finalizar la guerra, se convirtió en un excelente ganadero.

Charlie Goodnight (1836 – 1929)

Para hacer el camino más confortable para los *cowboys* durante el traslado del ganado, a Goodnight se le ocurrió modificar una carreta y convertirla en una cocina movible. Esta carreta fue conocida con el nombre de *chuckwagon*.

Obra de Charles Marion Russell

La persona que se encargaba del *chuckwagon* era el respetado cocinero. Era considerado una de las personas más importantes de trayecto, solía salir antes de que los *cowboys* iniciaran la ruta y los esperaba en algún punto acordado con la comida preparada. Además de las faenas culinarias, solía realizar otras tareas como las de barbero, médico e incluso mediador de conflictos.

Una vez los *cowboys* habían trasladado el ganado hacia su destino, el jefe vendía las reses y les pagaba para que disfrutaran durante su estancia en los pueblos ganaderos.

De todos los ejemplares de ganado, una pieza fundamental fue el animal líder de la manada. Este animal iba el primero y dirigía al rebaño, Goodnight se lo solía traer de vuelta y el animal se libraba del matadero.

Junto a Goodnight, otro famoso ganadero de la época fue Oliver Loving, juntos crearon el sendero *Goodnight-Loving*, utilizado en los viajes con ganado.

Se extendía desde Fort Belknap hasta Nuevo México, posteriormente se extendió hacia Wyoming.

Pero el viaje duraba meses y era peligroso, la amenaza se acrecentaba cuando pasaban por los asentamientos del norte donde los *cowboys* pasaban por tierras de granjeros. Los granjeros no estaban dispuestos a que el ganado *longhorn* pasase por sus tierras porque transmitía enfermedades como la fiebre de Texas que había acabado con miles de reses. Esta enfermedad se transmitió a través de las garrapatas y duró hasta la década de 1890.

Además de los enfrentamientos contra granjeros, el contacto con las tribus indias o el problema con los cuatreros o bandidos, hacían peligroso el viaje. Pero en 1867, Union Pacific finalizó el recorrido de raíles desde Kansas hacia el Oeste y un hombre llamado Joseph McCoy vio una oportunidad de negocio que cambiaría aquellas rutas tan peligrosas por el transporte del ganado en ferrocarril.

Joseph McCoy 1837 - 1915

McCoy fue un emprendedor y vio una oportunidad en una ciudad prácticamente desconocida llamado Abilene, en Kansas. Se trasladó a aquel pueblo y convenció a su escasa población diciéndole que aquel lugar prosperaría con el negocio del ganado. Construyó un hotel, un banco, establos para el ganado e hizo de ese pequeño pueblo desconocido una de las primeras ciudades en acoger el ganado para ser transportado mediante el ferrocarril hacia otras ciudades del Este.

Hotel Drover's de McCoy 1867

Los *cowboys* llevaban el ganado hacia Abilene a través de la senda de Chisholm, senda llamada así en honor al comerciante Jesse Chisholm.

Víctor Navas

Jesse Chisholm (1805?-1868)

Después de un elaborado trabajo propagandístico, el 5 de septiembre de 1867, partió desde Abilene, el primer convoy ferroviario cargado de ganado hacia el Este. A partir de ahí, el negocio empezó a funcionar y miles de reses se dirigieron hacia Abilene, allí se formaron grandes colapsos debido a tantas reses esperando para ser transportadas.

Junto al crecimiento de ciudades como Abilene, aumentaron también los problemas. Muchos de aquellos problemas se producían en el *saloon*, el centro de la vida social de la población. Se hallaba en pueblos donde el comercio prosperaba como los pueblos mineros donde los buscadores de oro podían gastarse sus ganancias.

Las mujeres, exceptuando bailarinas y trabajadoras, tenían prohibido entrar en los *saloons*. A pesar de tener limitados muchos derechos, las mujeres, a excepción de las prostitutas, eran las personas más respetadas en aquella época. Había casos en los que si un hombre insultaba o blasfemaba ante una mujer podía ser sancionado o encarcelarlo.

Pero hubo quien también utilizó los *saloons* para celebrar juicios. Así lo hizo Phantly Roy Bean.

Roy Bean (1825 – 1903)

Roy Bean nació en 1825, en Mason County, Kentucky. En la adolescencia abandonó su hogar y se dirigió hacia el oeste. Durante un tiempo trabajó como camarero en el *saloon* de uno de sus hermanos, en Nuevo México.

En 1866, Roy Bean se casó con la mexicana María Anastacia Virginia Chávez y tuvieron cinco hijos.

En 1882, estableció un pequeño *saloon* próximo al río Pecos, al sudoeste de Texas. Las autoridades del condado de Pecos lo nombraron juez de paz y Roy Bean sentenciaba a los criminales en su *saloon*.

A Roy Bean lo habían apodado el Juez de la Horca aunque no se confirmó más de dos sentencias en las cuales los condenados habían sido sentenciados a la horca. Roy Bean se hizo famoso gracias a sus descabelladas sentencias.

This old relic is located in the little town of Langtry, Texas, which was the abode of Judge Roy Bean---a "Saloon," and also a "Hall of Justice," he being the only Peace Officer west of the Pecos river, at the time this photo was made, About 1900, and shows Judge Bean holding court, trying a horse-thief. Left of the picture is the stolen horse. On horses, guarded by officers are two other horse thieves, supposed partners of the one on trial.

The Lippe Studio, Del Rio, Texas.

Saloon del juez Roy Bean

Prostitución

En el Antiguo Oeste la prostitución estaba muy aceptada. Con el crecimiento de los campamentos mineros, las ambiciosas *madames* vieron una oportunidad para hacer fortuna. Algunas se lucraron hasta tal punto que hubo una época en que las prostitutas tenían que pagar impuestos a la ciudad por el trabajo que realizaban. Las mujeres que la ejercían eran mayormente conocidas con el nombre de mujeres de mundo, fulanas o palomas heridas.

Mattie Blaylock fue una de aquellas mujeres que ejercieron la prostitución. Fue famosa por haber estado casada durante un tiempo con el *marshall* Wyatt Earp.

Mattie Blaylock (1850 – 1888)

También estaba presente la figura de la *madame,* como Louisa Bunch dirigió el burdel más exitoso de Central City, Colorado, y albergaba a cuatro prostitutas en su prostíbulo.

Lou Bunch (1857 – 1935)

Otra *madame* que adquirió mucha fama y éxito fue Eleanor Dumont. Su belleza ayudó a que fuera una exitosa comerciante. En una época de su vida, se enamoró de Jack McKnight pero este la engañó y le robó parte de su dinero. Su belleza se fue deteriorando y le comenzó a crecer un bigote prominente. Fue ahí cuando la gente la empezó a conocer como Madame Moustache. En 1879, fue hallada muerta a causa de una sobredosis de morfina.

Madame Moustache

Ciudades conflictivas

La combinación de alcohol y armas podían desencadenar brutales enfrentamientos, sin embargo, rara vez afectaba a ancianos, a niños o a mujeres.

Los *saloon*s poseían sus propias normas de conducta. Si alguien te invitaba a beber no podías rechazar su invitación si no querías tener problemas.

Muchas ciudades tuvieron que crear leyes o normas de convivencia que pretendían evitar los enfrentamientos entre la población, sobre todo los ocurridos en el interior del *saloon*.

Con el crecimiento de las ciudades crecieron los conflictos y hubo poblaciones que tuvieron que instalar cárceles, oficinas del *sheriff* y nombrar a agentes de la ley. En el pueblo de Abilene hubo tantas disputas que Joseph McCoy, ya como alcalde, tuvo que recurrir a las habilidades del famoso *marshall* «Wild Bill» Hickok. El sueldo mensual de Hickok era de ciento cincuenta dólares.

John Wesley Hardin, un legendario forajido acusado de matar a unas cuarenta personas, visitó el pueblo y dijo: «He visto muchas ciudades promiscuas, pero creo que Abilene les da una paliza a todas. El poblado estaba repleto de hombres y mujeres duchos en el juego, apostadores, *cowboys*, delincuentes, gente de toda calaña. Bien equipado de bares, hoteles, barberías, y casas de apuestas, todo a disposición».

El pueblo estuvo tan sometido a la corrupción que Abilene votó para que la actividad ganadera no continuara obligando a que los *cowboys* abandonaran la ciudad.

En 1868, con 15 años, el joven texano John Wesley Hardin, mató a Mage Holzshauzen, un antiguo esclavo afroamericano que fue propiedad de su tío. Lo asesinó presuntamente como venganza ya que John Wesley perdió una pelea contra él. Según la autobiografía de John Wesley, posiblemente sesgada, lo mató defendiéndose cuando Mage le iba a golpear con un palo.

Después de la guerra, los crímenes contra las personas de raza negra se condenaban duramente así que John Wesley decidió huir para evitar ser condenado.

Más tarde, fue detenido por otros asesinatos y le encerraron en la cárcel donde, poco después, se fugó matando a un policía de Texas.

Se camufló entre *cowboys* y se dirigió hacia la ciudad de Abilene por la peligrosa ruta de Chisholm. Una vez en

Abilene, se encontró con el *marshall* «Wild Bill» Hickok. El *marshall* le pidió a John Wesley que se desarmara. En aquella época no estaba permitido llevar armas de fuego en la ciudad de Abilene. John Wesley, cuando fue a entregarle las armas, las giró rápidamente de tal manera que apuntaron hacia Hickok. Según la autobiografía de John Wesley, Hickok le dijo: «Eres el chaval más hábil que he visto, vamos a dejar esto y nos hacemos amigos».

Otras de las leyendas, cuenta que John Wesley, cuando estaba en un hotel de Abilene, harto de escuchar a su vecino roncar, disparó hacia la pared de donde provenían los ronquidos y lo mató. Después de que lo matara salió huyendo de la ciudad.

En 1872, en Trinity City, John Wesley fue herido de un disparo. Se entregó a un *sheriff* amigo suyo del poblado de Gonzales, y acordaron que la recompensa se la repartirían. Una vez encarcelado, el *sheriff* le entregó una sierra para que pudiera fugarse y huir.

Dos años después, John Wesley cometió el gran error de su vida asesinando al *sheriff* Charlie Webb en el condado de Brown, Texas. Aquel agente de la ley era una persona muy respetada en el pueblo y su asesinato tuvo malas consecuencias. Familiares de John Wesley fueron asesinados o linchados y él tuvo que huir nuevamente.

Los Pinkerton, los Rangers de Texas y algún que otro caza recompensas, iban en busca de Wesley y tras su recompensa de cuatro mil dólares.

John Wesley huyó a Florida, donde se hizo pasar por J.W. Swain, pero el 23 de agosto de 1877, fue capturado por una veintena de oficiales y trasladado a Texas, lugar donde le encarcelaron.

En prisión estudió abogacía y en 1894 finalizó su condena. Una vez en libertad, John Wesley se retiró a la localidad de El Paso, lugar donde escribió su autobiografía y en la que admitió haber matado a veintisiete personas.

John Wesley Hardin (1853 – 1895)

John Wesley murió en agosto de 1895, tenía 42 años mientras se encontraba en el Acme Saloon de El Paso.

Un policía llamado John Henry Selman se le acercó por detrás y le disparó varios tiros en la espalda.

225

Armas del viejo oeste

Armas como la Colt 45 o el Winchester Modelo 1873, pudieron ser las armas por excelencia del Viejo Oeste. Pero no fue el arma en sí la que conquistó el oeste sino una variedad de armas en manos de una multitud de personas que trajeron violencia y ley en aquellos territorios.

Colt Paterson

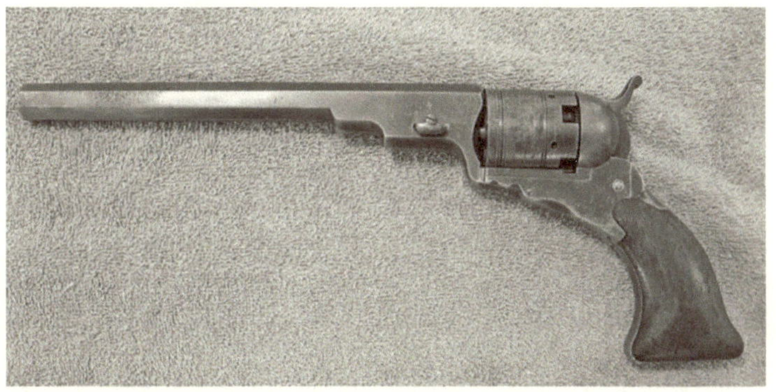

Fue un revólver patentado por Samuel Colt en 1836. Originariamente, fue fabricado en la ciudad de Paterson, New Jersey, entre los años 1837 y 1840. Fue la primera arma de fuego de repetición con tambor giratorio de múltiples recámaras alineadas con un cañón estático. Esta arma fue utilizada por los Rangers de Texas y por su capitán John Coffee Hays.

Rifle Sharps

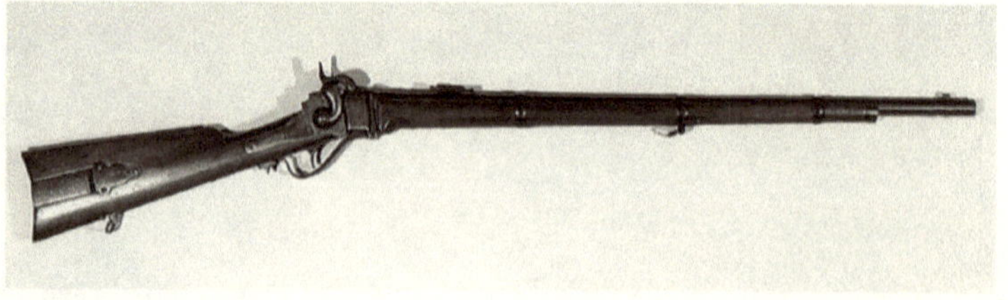

El auténtico rifle de la caballería no fue el Winchester sino el rifle Sharp. El inventor de este rifle fue Christian Sharps. Se patentó en 1848 y se fabricó en Filadelfia en 1850. El abolicionista John Brown utilizó el fusil de 1850 en su campaña de Kansas y en Harpers Ferry. El fusil también fue utilizado por la caballería, por cazadores de búfalos y por combatientes de la guerra de secesión.

Rifle Henry

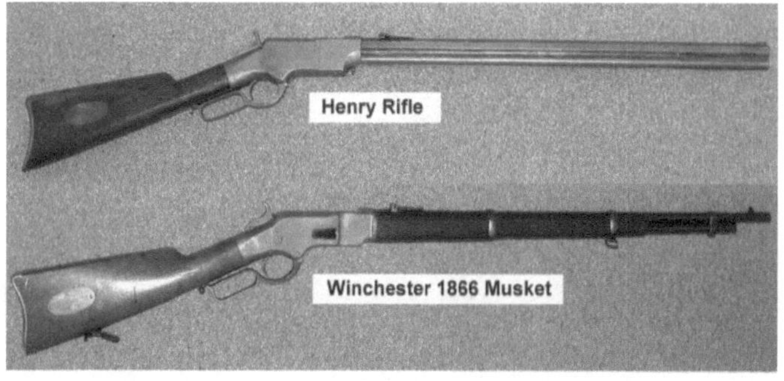

Fue el primer fusil de repetición con cerrojo que llegó al Oeste. Fue un arma muy popular entre los soldados, sobre todo los de la Unión, debido a la cantidad de balas seguidas que se podían disparar. Esta arma evolucionó hasta el fusil Winchester.

Rifle Winchester

Fue fabricado por Oliver Winchester, tenía una capacidad máxima de 15 cartuchos del calibre 44-40 y mucha más capacidad dañina que el rifle Henry. El famoso cherokke Ned Christie utilizó el rifle Winchester modelo 1873.

Colt Modelo 1851

Este revólver fue diseñado por Samuel Colt entre 1847 y 1850 y se fabricó hasta 1873.

«Wild Bill» Hickok o «Doc» Holliday fueron dos de las muchas personas que utilizaron este revólver.

Colt Dragoon

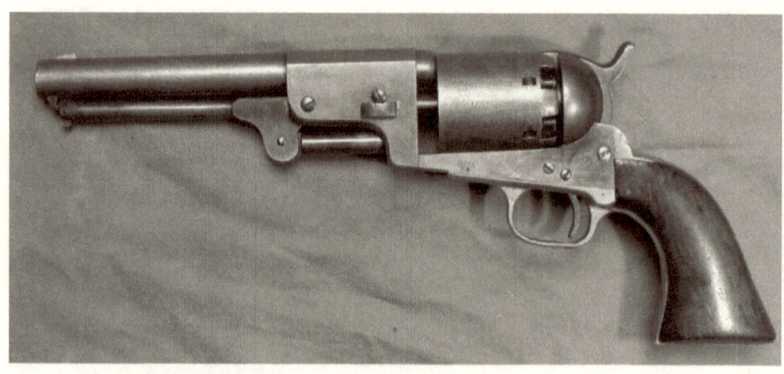

El revólver Colt Dragoon, modelo 1848, fue un revólver diseñado por Samuel Colt y fabricado para la caballería de los Estados Unidos. Se fabricó entre 1848 y 1860.

Smith & Wesson modelo 3

Fue un revólver de acción simple producido desde 1870 hasta 1915. El modelo idéntico ruso fue empuñado por John Wesley Hardin, el *sheriff* Pat Garret o el pistolero King Fisher.

Colt 45

En 1873 se diseñó el arma especializada en duelos, conocida como el arma que ganó al Oeste, el revólver Colt 45 también llamado «The Peacemaker» (El Pacificador), fue un arma fabricada para el ejército de los Estados Unidos que disponía de seis cartuchos y un cilindro giratorio. Utilizaba la misma munición que el Winchester 73.

Deringer

La Deringer de Philadelphia es una pistola de bolsillo fabricada por Henry Deringer. Se produjo desde 1852 hasta 1868. Debido a que se podía ocultar fácilmente,

John Wilkies Booth la utilizó para asesinar al presidente Abraham Lincoln.

237

Forajidos

Los popularmente conocidos como forajidos ya formaban parte de la historia y entre ellos, no solo hubo hombres, mujeres como Ann «Quenn Ann» Basset o Pearl Hart, fueron famosas forajidas del Salvaje Oeste.

Los antiguos confederados seguían plantando cara a los que ellos llamaban *yanquis*. Se les había privado de muchos derechos pero aún tenían la opción de trabajar y llevar una buena vida o vivir como forajidos y delinquir.

En aquella época destacaba la popular banda de los hermanos James que empezó sus fechorías en la década de 1860.

El 5 de septiembre de 1847, nació Jesse Woodson James, en el condado de Clay, Misuri. Su padre, Robert James, murió cuando él tenía tres años. Tenía dos hermanos, el mayor Frank James y su hermana menor Susan Lavenia James. Jesse James acabó convirtiéndose en uno de los delincuentes más famosos en la historia del oeste.

Jesse James (1847 – 1882)

El historial delictivo de los hermanos James comenzó durante la guerra civil, cuando se unieron a la banda de guerrilleros de Quantrell.

Jesse y Frank James

El 14 de febrero 1866, la banda cometió su primer gran
robo en un banco de la ciudad de Liberty, en el

condado de Clay, Misuri. Robaron aproximadamente sesenta mil dólares.

El 18 de febrero de 1867, cinco guardias locales rodearon la casa de Jesse James, cerca de Kearney, Misuri. Los hermanos James lograron escapar y se dirigieron hacia Kentucky.

El 20 de marzo de 1868, robaron un banco en Russellville, Kentucky. Uno de los atracadores, George Shepherd, fue condenado a tres años en la penitenciaría de Kentucky por este delito; Oll Shepherd, su hermano, fue asesinado mientras intentaba escapar. Frank y Jesse James lograron escapar y se dirigieron hacia Misuri.

El 16 de diciembre de 1869, la banda robó un banco en Gallatin, Misuri. El cajero, el capitán John W. Sheets, fue asesinado durante el atraco.

El 20 de abril de 1872, Jesse y Frank James, Cole, Bob y Jim Younger, cometieron un robo en un banco de Columbia, Kentucky. El cajero, R. A. C. Martin fue asesinado porque durante el atraco reconoció a Frank James.

El 28 de junio de 1873, se produjo un robo en el banco de Corydon, Iowa. Ocho hombres robaron cuarenta mil dólares. Entre los asaltantes se encontraban los hermanos James, Jim Cummins, Charlie Pitts y Ed Miller.

El primer robo asaltando un tren en occidente fue cometido por la banda el 21 de julio de 1873, en la localidad de Adair, Iowa. Sobre las 08:30 horas, la banda, compuesta por los hermanos James, John Younger y sus hermanos Cole, Jim y Bob y los forajidos Charlie Pitts, Clell Miller y Mill Chadwell, arrancó parte de las vías del ferrocarril que situadas en aquella población. Al llegar el tren descarriló y la banda se introdujo en él en busca de la caja fuerte. Del interior de la caja fuerte sustrajeron dos mil dólares. No se conformaron con el exiguo botín así que asaltaron a los pasajeros y les robaron sus pertenencias.

La banda posteriormente siguió protagonizando numerosos atracos y algunas compañías del ferrocarril tuvieron que ponerse en contacto con el fundador de la primera agencia de detectives del mundo, Allan

Pinkerton, para que atrapara a la banda y así poder evitar los robos.

En 1874, la agencia de detectives empezó la búsqueda de la banda pero no les fue fácil, los miembros de la banda eran considerados como héroes por la mayoría de la población.

El 31 de enero de 1874, la banda de James cometió su segundo robo asaltando un tren, robó diez mil dólares en Gads Hill.

El 10 de marzo de 1874, J. W. Whicher, uno de los detectives de Pinkerton, fue asesinado por Jesse James cerca de su casa, en Rocky Ford, en el condado de Clay.

El 17 de marzo de 1874, los hermanos Jim y John Younger estaban en la localidad de Roscoe, Misuri. Tres hombres se les acercaron para hacerles alguna pregunta.

Los hermanos Younger descubrieron que eran detectives y sacaron sus armas. Uno de los hombres huyó y el otro, el *sheriff* Edward Daniels, murió tras el intercambio de disparos. El detective Louis Lull de los Pinkerton mató a John Younger e hirió a su hermano

Jim. Tres días después, Louis Lull murió a causa de las heridas.

Periódicos de la época escribieron:

VICTIM OF BANDITS.—Capt. Louis J. Lull, the detective who, on the 17th of March last, killed John Younger and wounded his brother James, at Monagan Springs, Missouri, being himself in turn badly wounded by the desperadoes, died of his injuries at Roscoe, Mo., on Wednesday. Lull was only 27 years of age, and a nephew of Commander E. P. Lull, of the U. S. navy.

«Víctima de bandidos. El capitán Louis J. Lull, el detective que, el 17 de marzo pasado, mató a John Younger e hirió a su hermano James (Jim), en Monagan Springs, Misuri, siendo a su vez gravemente herido por los forajidos, murió por sus heridas en Roscoe, Mo., el miércoles. Lull tenía solo 27 años de edad, y era sobrino del comandante EP Lull, de la armada de los EE. UU.»

John Younger (1851 – 1874)

La noche del 26 de enero de 1875, un grupo de hombres de los Pinkerton rodeó la vivienda familiar de los James. Desde el exterior, lanzaron una bomba hacia el comedor de la vivienda. Debido a la explosión, el hermanastro de Jesse, de nueve años de edad, murió en el acto. La madre de Jesse James perdió un brazo. Los

Pinkerton huyeron del lugar y los James prometieron venganza.

El 12 de abril de 1875, la banda asesinó a Daniel Asirew, un vecino de los James, que había albergado a detectives en su vivienda.

En diciembre de 1875, la banda robó cincuenta y cinco mil dólares de un tren de Union Pacific en Muncie, Kansas. Bud McDaniels, un miembro de la banda, fue capturado en Kansas City con parte del botín. Fue trasladado a la prisión de Lawrence, Kansas pero logró escapar. Finalmente, lo localizaron pero murió a causa de las heridas de bala.

En abril de 1876, se produjo el robo de un banco en Huntington. Durante el atraco, Thomp McDaniels, hermano de Bud, fue asesinado. Los hermanos James escaparon nuevamente hacia Misuri.

Aquel año, la banda cometió el error de contratar a un joven de 23 años llamado Hobbs Kerry para que se uniera a la banda. El 8 de julio de 1876, los dos hermanos James, los tres hermanos Younger, y sus compañeros Hobbs Kerry, Bill Chadwell, Clell Miller y Charlie Pitts, atracaron un tren en Otterville, Misuri, del que robaron diecisiete mil dólares. Hobbs fue detenido después del atraco al tren y confesó todo ante el jefe de policía McDonough. Gracias a la confesión, las autoridades pudieron recabar mucha información sobre la banda de forajidos.

En septiembre de 1876, periódicos locales informaron que ocho hombres enmascarados, armados y montados a caballo, entraron en la ciudad de Northfield, sobre las dos de la tarde del 7 de septiembre, y se dirigieron hacia el banco. Cuando cruzaron el puente y entraron en la ciudad, desenfundaron sus revólveres y, mientras galopaban, gritaban amenazas a la gente que caminaba por la calle. Tres de los hombres, Frank James, Charlie Pitts y Bob Younger, accedieron al banco y saltaron sobre el mostrador, ordenando al cajero, J.L. Heywood, con un cuchillo puesto en su garganta, que abriera la caja fuerte. Al mismo tiempo, ordenaron a todas las personas del banco que levantaran la mano. Heywood se negó a abrir la caja fuerte, uno de los atracadores le puso el cañón de la pistola en su sien derecha y disparó.

Heywood cayó muerto. Los asaltantes intentaron obligar a que Alonzo Bunker, otra de las personas que se encontraban en el banco, abriera la caja fuerte pero este les dijo que no sabía la combinación. Bunker salió corriendo por la puerta trasera y Charlie Pitts, al darse cuenta, le disparó en el hombro. Bunker pudo escapar y logró sobrevivir.

Mientras los tres bandidos estaban en el interior del banco, los otros asaltantes se pararon en la calle, amenazando con disparar a cualquiera que interfiriera, pero la gente de la ciudad no quiso permitir que les robasen el banco donde habían guardado su dinero.

Un joven llamado Wheeler, desde la ventana de uno de los edificios de la ciudad, disparó a uno de los asaltantes. La bala impactó en el corazón del bandido. Continuó el tiroteo, dos de los miembros de la banda, Clell Miller y William Chadwell, murieron y Bob Younger fue herido grave. La banda huyó con tan solo veintitrés dólares. Cincuenta ciudadanos de Northfield se organizaron y comenzaron la persecución en busca de la banda. Los hermanos James se separaron de los hermanos Younger y de Charlie Pitts. Más tarde, parte de la banda fue localizada y se produjo otro tiroteo. Charlie Pitts murió y Cole, Bob y Jim Younger fueron capturados. Los prisioneros se declararon culpables para evitar ser ahorcados. Les condenaron a cadena perpetua en la prisión de Minnesota.

A raíz de aquel atraco en Northfield, la banda perdió credibilidad entre la población.

Los hermanos James huyeron de su ciudad y adoptaron identidades falsas. Jesse James organizó otra banda para seguir con los atracos.

El 17 de septiembre de 1877, la reconstruida banda de James atracó un tren de Union Pacific en Big Springs, Nebraska. La banda consiguió sesenta y dos mil dólares en oro de la caja fuerte de la Wells Fargo Express Company.

El 7 de octubre de 1870, Jesse y Frank James, Dave Poole, Charley Ford, Wood Hite y Clarence Hite atracaron un tren de Chicago & Alton en la ciudad Glendale, en el condado de Jackson. Los bandidos robaron cuarenta mil dólares.

El 15 de julio de 1881, se produjo el robo en un tren de Chicago. Durante el atraco, el conductor W. H. Westfall y el trabajador McCulloch fueron asesinados. Los ladrones obtuvieron quince mil dólares.

El 3 de abril de 1882, Robert Ford, uno de los componentes de la nueva banda, traicionó a Jesse James en su propia casa, en Saint Joseph, Misuri. Mientras Jesse, desarmado, limpiaba un cuadro con un dibujo de su caballo de carreras, Robert Ford se le acercó por detrás y le disparó en la espalda mientras su hermano, Charles Ford, miraba como cometía el crimen.

Representación del asesinato de Jesse James

Después de asesinarle, Robert Ford salió a la calle y gritó: «¡He matado a Jesse James!».

253

Después de asesinarle, Robert Ford salió a la calle y gritó: «¡He matado a Jesse James!».

Jesse James murió a los 34 años de edad. Su muerte causó una gran conmoción nacional. Multitud de personas quisieron ver por última vez al recién fallecido.

Fotografía tomada por el fotógrafo R. Uhlman

Bob Younger murió de tuberculosis el 16 de septiembre de 1889, en la prisión de Stillwater, a los 35 años de edad.

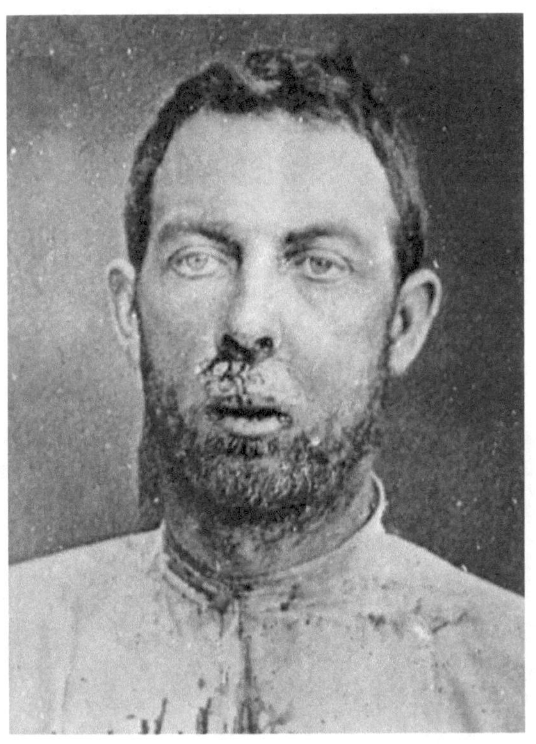

Frank James acabó entregándose a los representantes de la ley. Una vez puesto en libertad, recorrió el sur junto a Cole Younger. Ambos dieron un espectáculo sobre el Salvaje Oeste. Murió el 18 de febrero de 1915, a los 72 años, en Clay County, Misuri.

Frank James acabó entregándose a los representantes de la ley. Una vez puesto en libertad, recorrió el sur con Cole Younger dando un espectáculo sobre el Salvaje Oeste. Murió el 18 de febrero de 1915, a los 72 años, en Clay County, Misuri.

Cole Younger escribió un libro sobre sus memorias en el que se describía como un vengador confederado. El 21 de marzo de 1916, murió a los 72 años, en su ciudad natal Lee's Summit, Misuri.

John Henry Tunstall fue un ranchero y comerciante inglés que viajó hacia el condado de Lincoln para buscar fortuna en el sector de la ganadería. Lo que desconocía era que el monopolio de la ganadería, en el condado de Lincoln, estaba controlado por los socios irlandeses Lawrence Murphy y James Dolan.

John Tunstall (1853 – 1878)

La tienda de Murphy y Dolan era conocida como «la casa». Los dos socios, al ver peligrar su negocio, hicieron lo posible para quitarse de encima a Tunstall y para ello contaron con la ayuda de su amigo, el *sheriff* del condado de Lincoln, William J. Brady.

Lawrence Murphy y James Dolan

Se crearon dos facciones, por un lado, la facción de Murphy siendo mayoritariamente católica irlandesa y por otro la facción de Tunstall siendo mayoritariamente ingleses protestantes.

Tunstall contrató a rancheros y *cowboys* de los que destacaba el huérfano Henry McCarty, más conocido como William Bonney, un joven que no tenía nada que perder. Tunstall conoció a Bonney cuando este fue a su rancho con la intención de robarle. Tunstall lo descubrió, lo perdonó y al ver su habilidad con las armas lo contrató como *cowboy*.

El 18 de febrero de 1878, William Bonney presenció como la banda del *sheriff* disparó y mató a su amigo Tunstall. Tunstall murió con 24 años, a partir de aquel momento, William Bonney juró venganza y dejó de ser el *cowboy* que era para convertirse en uno de los forajidos más famosos del Salvaje Oeste, Billy el Niño.

John Tunstall se convirtió en la primera víctima de la guerra del condado de Lincoln. Billy el niño sabía que la ley protegería a Murphy y Dolan, así que decidió formar una banda llamada «Los Reguladores» y buscó impartir justicia. Autoridades se postularon a favor de ambas facciones y empezó así una serie de asesinatos de venganza.

El 1 de abril de 1878, los reguladores mataron al *sheriff* Brady, de 48 años de edad, en una de las calles principales de Lincoln.

William J. Brady (1829 – 1878)

Siguieron los asesinatos y la guerra culminó con un tiroteo en el que se dispararon alrededor de dos mil balas y tuvo una duración de cinco días. Esta batalla provocó la huida de Billy el Niño y parte de su banda.

265

Los primeros años de la vida de Billy el Niño son un misterio, no se sabe el lugar de nacimiento ni quien fue realmente su padre. Su fama fue creada a raíz de la guerra del condado de Lincoln, donde Billy y el resto de la banda se convirtieron en proscritos con órdenes de detención pendientes.

Billy el Niño (1859 – 1881)

El 29 de septiembre de 1878, Lee Wallace llegó a Santa Fe para convertirse en el nuevo gobernador de Nuevo México y poder resolver los conflictos del condado. Billy el Niño contactó con Wallace para que le concediera un indulto. Para poder concedérselo, Billy tenía que testificar con relación a unos asesinatos pendientes. Wallace aceptó pero una vez Billy el Niño testificó, no pudo cumplir con su pacto. A Billy no se le concedió el indulto y fue condenado a la horca el 30 de mayo de 1881.

El 28 de abril de 1881, el periódico «The Leavenworth Times», escribió: «Billy el Niño, que se encontraba en la cárcel de Lincoln, había escapado matando al vicealguacil J.W. Bell y al ayudante adjunto del *marshall* Bob Slinger. Billy es un hombre joven de unos veintitrés años de edad que fue capturado hacía unos siete meses, en el condado de San Miguel, por el *sheriff* Pat Garret el cual recibió una importante recompensa por su captura. Billy fue condenado por el tribunal del distrito de la Mesilla por doble asesinato y sentenciado por el juez Bristol».

Billy nuevamente había escapado de la cárcel, no era la primera vez que lo hacía pero sí la última.

El 14 de julio de 1881, el *sheriff* Pat Garret localizó a Billy el Niño en Fort Sumner, en la casa donde se hospedada.

Se ha debatido mucho sobre la muerte de Billy el Niño pero todas las hipótesis apuntan a que su antiguo amigo, Patt Garret, fue quién lo mató.

El 31 de julio de 1881, el periódico «The New-York Times» escribió: «El asesinato de Billy ha causado una gran sensación en San Francisco. Probablemente fue el despiadado más famoso de la costa del Pacífico, y el hecho de que por fin se haya ido será recibido con una sensación de alivio en toda la costa. El verdadero nombre de Billy no era conocido, pero el nombre bajo el cual se le conocía en la cárcel del condado de Grant County fue William Antrim. Los ojos azules de Billy eran atractivos, y aquellos que lo vieron por primera vez lo consideraron una víctima de las circunstancias. Sin embargo, por su apariencia inocente, Billy era uno de los personajes más peligrosos que este país ha producido. Acababa de cumplir 21 años, y se sabía que en su corta vida había asesinado a 19 personas. Fue su alarde el haber matado a un hombre por casi cada año de su vida.»

A raíz de la muerte de Billy el Niño, la fama de Pat Garret creció. Publicó un libro con sus memorias y continuó trabajando como agente de la ley pero finalmente, debido a sus dificultades económicas, se retiró a su rancho en Nuevo México.

Pat Garrett (1850 - 1908)

Pat Garret murió de un disparo debido a una disputa en sus tierras el 29 de febrero de 1908, a los 57 años de edad.

El 26 de octubre de 1881, se produjo un tiroteo en un pueblo minero llamado Tombstone, en el estado de Arizona. Ese enfrentamiento fue conocido por la historia como el tiroteo en el OK Corral.

Ciudad de Tombstone 1881

El tiroteo en el Ok Corral fue un enfrentamiento que tuvo lugar en la parte trasera de un corral de ganado de la población de Tombstone y en el que se enfrentaron los oficiales Wyatt Earp, Virgil Earp, Morgan Earp y Doc Holliday a los forajidos Billy Claiborne, Tom McLaury, Frank McLaury, Billy Clanton e Ike Clanton.

Todo empezó años atrás, con la llegada de los hermanos Earp a Tombstone en busca de la fortuna y la riqueza que les podía proporcionar las minas de plata de la ciudad.

Una vez allí, los hermanos de Wyatt Earp ocuparon cargos de policía. Más tarde, él también acabó siendo *marshall* en Tombstone.

La dureza con la que Wyatt Earp ejercía su trabajo hizo que se creara numerosos enemigos, entre ellos, los Clanton y los McLaury. Estos juraron acabar con los hermanos Earp.

Dos años de tensión llevó a que, el 26 de octubre de 1881, los Clanton y los McLaury buscaran su venganza.

Aquel día de octubre, se encontraban en las calles de Tombstone y comenzaron a amenazar a los Earp. Los hermanos Earp y Doc Holliday se dirigieron hacia la parte trasera del corral en busca de los alborotadores. Allí, estaban unos en frente de los otros. Después de que alguno de los nueve hombres amartillara su arma, se inició un tiroteo de treinta segundos y treinta disparos.

Los únicos que salieron ilesos fueron Ike Clanton y Claiborne que huyeron del lugar alegando que estaban desarmados y Wyatt Earp que no resultó herido. Virgil, Morgan y Doc resultaron heridos y Billy Clanton, Frank McLaury y Tom McLaury murieron durante el tiroteo.

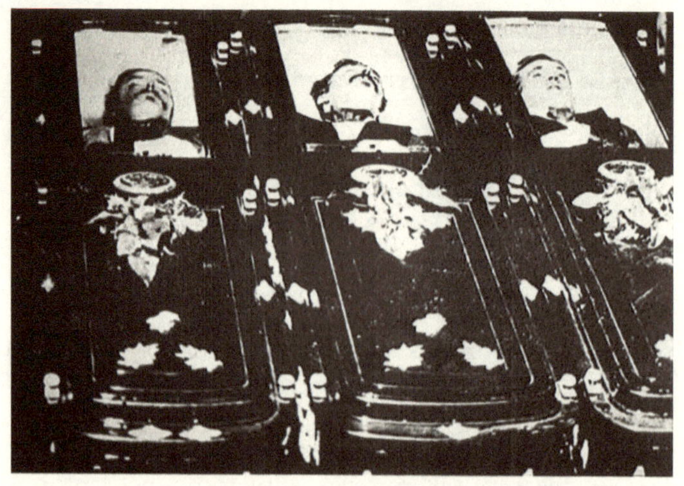

Los hermanos McLaury y Billy Clanton

El pueblo entero fue al funeral de los fallecidos y se corrió la voz de que murieron asesinados porque, en el momento de los hechos, estaban desarmados. Los Earp se convirtieron en asesinos y tuvieron que rendir cuentas con la justicia.

Durante el juicio, todos los amigos de los forajidos testificaron en contra de los Earp pero gracias a la incongruente testificación de Ike Clanton, los Earp quedaron en libertad.

Una noche del mes diciembre de 1881, alguien disparó contra Virgil dejándolo discapacitado. En el lugar de los hechos encontraron un sombrero con el nombre de Ike Clanton, hecho que lo relacionó directamente con el intento de asesinato, a pesar de ello, nunca fue condenado.

Uno de los peores días para Wyatt Earp se produjo el 18 de marzo de 1882. Aquel día se encontraba con su hermano Morgan jugando al billar en el interior de un salón. Durante la partida, se escuchó una detonación. Morgan fue asesinado a causa de un disparo producido desde el exterior del local. Wyatt buscó a los asesinos. Dos días después encontró y mató a Frank Stilwell, uno de los partícipes en el asesinato, en la ciudad de Tucson.

Frank Stilwell (1856 – 1882)

El siguiente en morir a manos de Wyatt fue Indian Charlie, otro de los asesinos de Morgan.

Días más tarde, Wyatt y su grupo se toparon con algunos forajidos. Se inició un tiroteo y el grupo de Wyatt, en el que se encontraba Doc Holliday, huyó del lugar dejando solo a Wyatt frente a los nueve forajidos. Después de abatir a dos de los forajidos, Wyatt, totalmente ileso, pudo subir a su caballo y huir del lugar. Ese fue su último enfrentamiento en busca de venganza. Días más tarde, viajó hacia el estado de Colorado en busca de una nueva vida.

Billy Claiborne murió a causa de un tiroteo el 14 de noviembre de 1882, a la edad de 22 años.

El 1 de junio de 1887, asesinaron a Ike Clanton mientras robaba ganado, a los 39-40 años de edad.

Doc Holliday pasó sus últimos días en Colorado, murió
el 8 de noviembre de 1887, a la edad de 36 años, en el
Hotel Glenwood.

Virgil Earp murió de neumonía el 19 de octubre de 1905, en Golfield, Nevada, a la edad de 62 años.

Wyatt Berry Stapp Earp (1848 – 1929)

Wyatt Earp durante su vida, raramente disparó, prefería «bisontear», táctica que consistía en golpear al adversario con el cañón del arma en la sien.

Wyatt llegó a ser árbitro de boxeo, abrió un *saloon* de juego e incluso asesoró al *cowboy* cinematográfico John Wayne.

Murió por causas naturales en los Ángeles, el 13 de enero de 1929, a la edad de 80 años.

Pearl Taylor nació en 1871, en la aldea canadiense de Lindsay, Ontario. Con dieciséis años se enamoró de William Hart. Acabó casándose con él y tuvieron un hijo, pero su matrimonio pasó por muchos altibajos y por varias separaciones. Pearl Taylor, ahora Pearl Hart, con veintidós años, y después de sufrir varios maltratos, decidió abandonar a su marido y se dirigió hacia Trinidad, Colorado. Tiempo después, volvió con su marido y tuvieron una hija, pero los hábitos maltratadores de su marido regresaron y decidió separarse por segunda vez. Dos años después, regresó con su marido y con él volvió la violencia que ejercía sobre ella. Su vida encontró la calma cuando enviaron a su marido a la guerra. Pearl Hart había enviado a sus hijos con su madre. Consiguió empleo como cocinera y después trabajó en una pensión de mineros. En aquella época conoció a un hombre llamado Joe Boot. Estaba instalada en la ciudad de Globe, Arizona. Un día apareció de nuevo su marido. Tras nuevas discusiones volvieron a separarse y no volvieron a verse nunca más.

Pearl Hart no tenía trabajo ni dinero. Un día recibió una carta en la que le explicaban que su madre estaba a punto de morir. Al no tener dinero para poder ir a ver a su madre, habló con Joe Boot para intentar sacar oro o plata de una mina. Se pusieron manos a la obra pero el trabajo que realizaron fue inútil.

El 30 de mayo de 1899, periódicos dieron la noticia de un robo en una diligencia. Esta noticia fue distinta a las dadas en los demás robos de diligencias ya que este robo fue cometido por una mujer. Pearl Hart cometió el robo con Joe Boot. Para el atraco, Hart se cortó el pelo y se vistió con ropa de hombre.

Días después de cometer el robo, el 5 de junio de 1899, el *sheriff* Truman localizó y detuvo a la pareja. Hart fue trasladada a la prisión de Tucson. Durante su estancia en la prisión, muchos periodistas querían entrevistarla.

El 12 de octubre de 1899, Hart logró escapar de la prisión pero dos semanas después fue nuevamente detenida. Durante el juicio, y tras escuchar que necesitaba el dinero para poder ver a su madre, el jurado la indultó.

El 17 de noviembre de 1899, el periódico «The New York Times» escribió: «Un especial de Phoenix, Arizona, dice que Perl Hart, la presunta mujer bandita, acusada del robo de una diligencia, cerca de Florencia, fue absuelta anoche, en el juicio ante el juez Doan, en Florencia. La señorita Hart se dirigió al jurado en su propia defensa y suplicó apasionadamente por su libertad, para que ella pudiera regresar a Toledo, Ohio, para ver a su madre, que estaba falleciendo. Inmediatamente después de su absolución, la mujer volvió a ser acusada de interferir en los correos de los Estados Unidos y será juzgada de nuevo».

Hart fue encarcelada por el último delito cometido y fue trasladada a la prisión de Yuma. En diciembre de 1902 recibió el indulto del gobernador de Arizona, Alexander Brodie.

Pearl Hart en la prisión de Yuma

Después de su libertad, se sabe que participó en el espectáculo de Buffalo Bill pero sobre su vida posterior hay varias versiones contradictorias. Posiblemente murió el 30 de diciembre de 1855, a los 84 años de edad, en Arizona.

Ann Basset nació en 1878, en Browns Park, Colorado, pero se crio en Utah. Sus padres, Herb Basset y Elizabeth Chamberlain Basset se dedicaban al negocio ganadero.

Ann Bassett (1878 – 1956)

Los Basset tuvieron conflictos con otros ganaderos de la zona. El detective Tom Horn intervino, aunque sin éxito, para que los Basset vendieran su rancho.

Tanto Ann Basset como su hermana Josie Basset, estuvieron relacionadas con la famosa banda Wild Bunch de Butch Cassidy, con quién Ann mantuvo una relación sentimental larga. Pero ambas hermanas, también tuvieron relaciones sentimentales con otros miembros de la banda.

Miembros de la banda Wold Bunch. En el extremo izquierdo, Sundance Kid y en el extremo derecho, Butch Cassidy.

Las hermanas Basset se habían convertido en miembros de la banda, pero no fueron las únicas mujeres. La misteriosa Etta Place, novia del forajido Harry

Longabaugh «Sudance Kid», también fue otra componente de la banda.

Harry Longabaugh y Etta Place

Se cree que Etta Place y Ann Basset fueron la misma persona, así lo determinó una investigación ejercida por el doctor Thomas G. Kyle que según la comparación de diversas fotografías se concluyó que las dos mujeres fueron en realidad la misma persona.

A finales del siglo XIX, nacieron en Coffeyville, Kansas, los Dalton.

Coffeyville

La familia Dalton estaba compuesta por Lewis Dalton y Adeline Younger, tía de Cole y Jim Younger. Lewis y Adeline llegaron a tener quince hijos de los cuales cinco fueron niñas.

Algunos hermanos Dalton trabajaron como agentes de la ley pero, algunos de ellos, se fueron convirtiendo en corruptos y empezaron a cometer hechos delictivos.

En el año 1890, los Dalton comenzaron sus fechorías y se convirtieron en los forajidos más temidos del Salvaje Oeste. Su actividad continuó durante los dos años siguientes y cada vez, los delitos que realizaban eran más complejos.

La banda estaba formada por tres de los hermanos Dalton, Grattan Dalton, Bob Dalton y Emmett Dalton y después se les unió George Newcomb, Charlie Bryant y Charley Price. Más tarde se unió a la banda Bill Doolin, Dick Broadwell y Bill Powers.

Durante los años 1891 y 1892 atracaron, al menos, cuatro ferrocarriles.

Probablemente, el *marshall* que más persiguió a la banda intentando detenerlos fue Heck Thomas.

Henry Andrew «Heck» Thomas (1850 – 1912)

El último golpe que asestaron los Dalton fue el 5 de octubre de 1892. Después de aquel golpe se iban a tomar un descanso. Todo estaba planeado, iban a robar en el mismo día dos bancos, el C.M Condon & Company's Bank y el First National Bank, los dos situados en la población de Coffeyville, el lugar donde se habían criado. El golpe no salió como se esperaba, la banda iba disfrazada pero algún vecino de la localidad reconoció a los forajidos. Una vez reconocidos, los vecinos junto a representantes de la ley, les estaban esperando armados. Cuando se encontraron con los forajidos, se inició un tiroteo que duró quince minutos y en el que murieron los bandidos Grat Dalton, Bob Dalton, Dick Broadwell y Bill Powers. También murió el *marshall* Charles Connelly y tres ciudadanos.

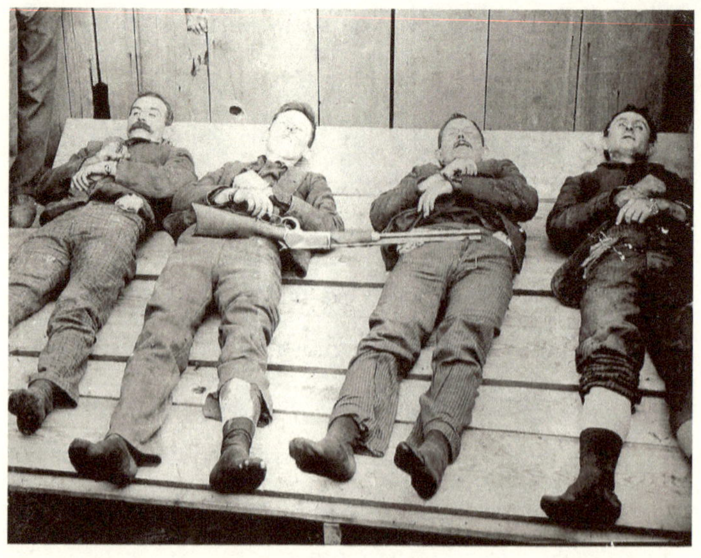

Bill Powers, Bob Dalton, Grat Dalton y Dick Broadwell

A pesar de haber recibido veintitrés disparos, Emmett Dalton logró sobrevivir y fue condenado a cadena perpetua. Sin embargo, tras cumplir catorce años de pena fue indultado.

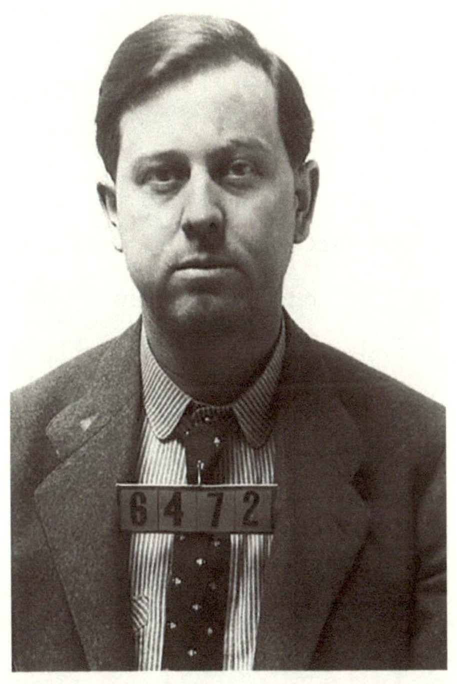

Emmett Dalton (1871 – 1937)

Emmett Dalton cuando sobrevivió a aquel atraco tenía 25 años. Pasó catorce años en prisión hasta que fue indultado. Participó en las películas «Beyond the Law» o «The man of the desert» y trabajó como asesor en películas del Oeste. El 13 de julio de 1937, murió a la edad de 66 años, en Los Ángeles, California.

Muchos creen que hubo otro implicado en aquel atraco. Se trata de William «Bill» Doolin y posiblemente estuvo escondido en un callejón mientras sostenía a los caballos preparado para la huida.

Willian «Bill» Doolin (1858 – 1896)

Doolin nació en 1858, en el condado de Johnson, Arkansas. A los 23 años abandonó su hogar y se dirigió hacia territorio indio donde conoció a famosos forajidos, entre ellos, Emmett Dalton.

En 1892, Doolin formó su banda la «Wild Bunch». La banda estaba formada por delincuentes que, durante la década de 1890, cometieron hechos delictivos en estados como el de Arkansas, Kansas o Misuri. La banda atracó con éxito bancos y trenes. Su último golpe, en el que Doolin no participó, fue el 3 de abril de 1895. La banda asaltó un tren de Rock Island en Dover, Oklahoma, pero no logró abrir la caja fuerte y robaron las joyas y objetos de valor de los pasajeros. Agentes de la ley siguieron el rastro de la banda hasta que los localizaron. Mataron a algunos miembros y la banda se dispersó.

El 26 de agosto de 1896, el periódico «New York Journal» publicó: «El cuerpo de "Bill" Doolin, forajido y bandido, en cuya captura había recompensas del Gobierno de seis mil dólares, se encuentra en un ataúd áspero en un establecimiento empresarial en esta ciudad. Esta noche se colocó en una gran ventana y durante tres horas los restos fueron vistos por miles de personas.

Era aproximadamente la una en punto de esta mañana cuando Doolin fue asesinado. Estaba rodeado por el grupo del ayudante del alguacil Heck Thomas en Lawson. Doolin estaba montando un buen caballo que había robado de una granja, cuando los oficiales le dispararon. Doolin disparó una vez con su Winchester, pero el trabajo de los hombres de Thomas fue rápido y efectivo. Cuando Doolin se acostó en un carro diez minutos más tarde, descubrió que veintisiete balas estaban alojadas en su pecho. El hombre llevaba la misma ropa que tenía cuando esquivó a los guardias y escapó de la cárcel de Estados Unidos, de esta ciudad, hace seis semanas. Los oficiales todavía están tras la pista de los compañeros de Doolin, "Dynamite" Dick» y Quiney Lewis».

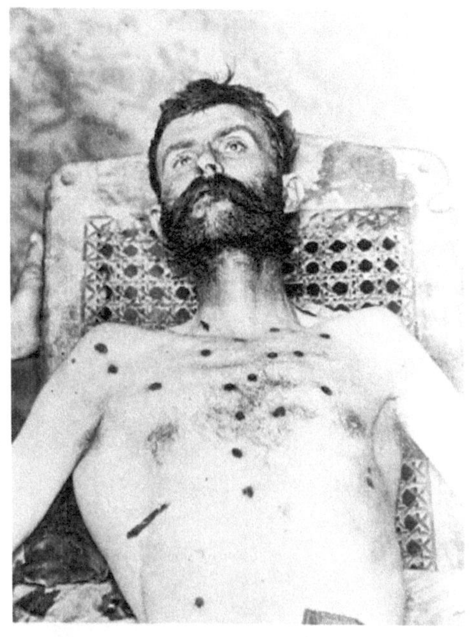

Muerte de Doolin, 1896

El resto de la banda sufrió un final tan violento como el de su creador Willian «Bill» Doolin.

Tom Horn nació en Memphis, el 21 de noviembre de 1860. Su padre era muy duro con él y probablemente con sus tres hermanos y con sus cuatro hermanas. Sobre los trece años, Tom no aguantó más y abandonó su hogar en busca de una nueva vida.

Tom Horn (1860 – 1903)

En 1875, llegó a Arizona donde trabajó protegiendo el ganado del ejército a lo largo de la frontera mexicana. Durante aquella época, convivió con apaches y se convirtió en un excelente explorador y rastreador.

Tom Horn colaboró en casi todas las guerras apaches y en 1886, destacó por su trabajo en la búsqueda y rendición del jefe apache Gerónimo.

Habían pasado unos veinte años desde que se fue de casa cuando, en 1891, Horn empezó a trabajar para la Agencia Nacional de Detectives Pinkerton. Su trabajo por excelencia fue la persecución de cuatreros. Durante su periodo de trabajo con los Pinkerton mató aproximadamente a diecisiete personas. El negocio de la ganadería seguía teniendo mucho poder y el robo de ganado era bastante frecuente. Después de trabajar para los Pinkerton, Horn fue contratado por diversas compañías ganaderas, entre ellas, la compañía Swan

Land and Cattle Company. Continuó con la persecución y, en la mayoría de los casos, eliminación de cuatreros. Su sueldo rondaba los quinientos dólares por hombre asesinado. Horn atemorizaba a sus adversarios dejando notas manuscritas o dejándose ver por la zona. El ranchero Fergie Mitchell escribió: «Lo vi pasar. No se detuvo sino que siguió recto por el arroyo a la vista de todos. Todo lo que quería era ser visto, ya que su reputación era tan grande que su presencia en la comunidad tuvo el efecto deseado. En una semana, tres colonos del vecindario vendieron sus propiedades y se mudaron. Ese fue el final del robo de ganado en el norte de Laramie»

En 1898, participó en la guerra Hispano Estadounidense bajo las órdenes del vigésimo sexto presidente Theodore Roosevelt aunque se sospecha que debido a la fiebre amarilla no pudo participar mucho. Finalizada la guerra, Horn regresó a Wyoming en busca de más cuatreros.

El 18 de julio de 1901, un joven de 14 años, llamado Willie Nickel, murió de un disparo. Willie era hijo de un ganadero cuyas enemistades con otros ganaderos habían hecho que Horn trabajara en el caso. El asesinato se le atribuyó a Horn quién en estado de embriaguez confesó haberlo realizado.

El 24 de enero de 1902, Horn fue detenido en la localidad de Cheyenne y sentenciado. Murió ahorcado el 20 de noviembre de 1903, a los 42 años de edad.

Uno de los ladrones de diligencias más notorios fue Charles Earl Bowles, alias «Black Bart». Este ladrón fue conocido por los poemas que dejaba en el lugar donde realizaba sus hechos delictivos.

En el norte de California, en la década de 1870 y 1880, robó, al menos, veintiocho diligencias Wells Fargo. Los detectives de Pinkerton y los de Well Fargo estuvieron un tiempo detrás de él sin obtener ningún resultado.

El 3 de noviembre de 1883, Bowles asaltó una diligencia Wells Fargo en el condado de Calaveras, California. Uno de los conductores le disparó e hizo que Bowles huyera. Debido a la rápida huida, el bandido se dejó pertenencias en el lugar de los hechos. El detective James B. Hume siguió su rastro. Fue a numerosas lavanderías para ver si podían dar con el propietario de la ropa encontrada. Finalmente, localizaron a Bowles y confesó haber sido el autor del robo. Fue sentenciado a seis años en la prisión de San Quentin, San Francisco, pero, debido a su buen comportamiento, solo estuvo cuatro años.

Charles Bowles (1829 – 1888?)

No se sabe con exactitud cuándo ni cómo murió Bowles pero Wells Fargo, afirmó haberlo matado en 1888 mientras robaba una de sus diligencias.

Masacre de Wounded Knee

Las batallas contra los indios no habían finalizado. El 29 de diciembre de 1890, se produjo la conocida masacre de Wounded Knee. Tuvo lugar en el estado de Dakota del Sur, en la reserva india de Pine Ridge.

Semanas después de la masacre

La caballería estaba buscando al jefe lakota Pie Grande. Este se dirigió hacia la reserva Pine Ridge en busca del jefe Nube Roja. El Séptimo Regimiento de Caballería interceptó a la tribu e hizo que se rindiera. La caballería llevó a la tribu al arroyo Wounded Knee para que pasaran la noche. Al día siguiente, la caballería se dispuso a desarmar a los amerindios Lakota. Durante el desarme, se cree que un arma se disparó y comenzó la masacre. Ciento cincuenta amerindios, entre mujeres, hombres y niños, murieron en el enfrentamiento.

Entierro de miembros de la tribu Lakota

Hicieron una fosa común para enterrar a todos hombres, mujeres y niños muertos.

Jefe Pie Grande muerto en la nieve

315

A principios del siglo XX, Estados Unidos tenía setenta y cinco millones de habitantes y las ciudades del Oeste se asemejaban más a las ciudades del Este. El destino manifiesto había llegado a su fin.

316

FIN

www.ingramcontent.com/pod-product-compliance
Lightning Source LLC
Chambersburg PA
CBHW051245250726
48656CB00004B/1140